新师范背景下卓越小学教师培养的理念与实践

周进军　王小慧　著

东北师范大学出版社
长　春

图书在版编目（CIP）数据

新师范背景下卓越小学教师培养的理念与实践 / 周进军，王小慧著. -- 长春 ：东北师范大学出版社，2025. 3. -- ISBN 978-7-5681-6644-7

Ⅰ. G625. 1

中国国家版本馆 CIP 数据核字第 2025M8K091 号

□责任编辑：张晓营　□封面设计：寒　露
□责任校对：何兵一　□责任印制：侯建军

东北师范大学出版社出版发行
长春净月经济开发区金宝街 118 号（邮政编码：130117）
电话：0431—84568164
网址：http://www. nenup. com
东北师范大学音像出版社制版
定州启航印刷有限公司印装
定州经济开发区大奇连体品小区永康大街东侧
2025 年 4 月第 1 版　2025 年 5 月第 1 次印刷
幅面尺寸：170 mm×240 mm　印张：13. 25　字数：215 千

定价：78. 00 元

前 言

百年大计，教育为本。党的十八大以来，党中央坚持把教育作为国之大计、党之大计，全面贯彻教育方针，做出深入实施科教兴国战略、加快教育现代化的重大决策，确立到2035年建成教育强国的奋斗目标，加强党对教育工作的全面领导，不断推进教育体制机制改革，推动新时代教育事业取得历史性成就、发生格局性变化。在推进中国式现代化建设、实现中华民族伟大复兴的伟大征程中，师范教育作为我国教师教育的核心力量，肩负着服务建设教育强国国家战略、构建高质量教师教育体系，以及引领基础教育创新发展的使命担当。

新时代塑造新格局，新格局呼唤新教育，新教育召唤新教师，新教师需要“新师范”。面向中华民族伟大复兴的战略全局，我国师范教育改革创新也进入一个新阶段，推进教师教育高质量发展已成为基础教育最紧迫、最核心的任务。在新的时代背景下，基础教育已进入更加注重内涵发展、全面提高育人质量的新阶段。师范教育要培养的教师是能够完成立德树人根本任务的主力军，是促进儿童德智体美劳全面发展的生力军，是“五育”并举的主要实施者，是“两个坚持”的第一责任人，是教育“四为”服务的价值实现者，是教育“两个相结合”的践行者和指导者，是培养社会主义建设者和接班人的主要承担者，这对师范教育的改革创新提出了更高的要求。

陇东学院位于甘肃省庆阳市，是甘肃省唯一一所在革命老区办学的全日制普通本科院校。小学教育专业于2000年开始招生，是甘肃省最早开设小学教育专业的高校之一，2004年起开始招收本科生，2011年被评为甘肃省省级特色专业，2019年被评为甘肃省一流本科专业建设点。学校聚焦建设西部高水平应用型大学的办学定位，扎根陇东黄土高原，赓续红色基因，坚持将南梁精神融入立德树人的全过程，传承弘扬教育家精神，提升教师教书育人的能力，优化人才培养体系，改革人才培养模式，着力培养“有情怀、尚师德、厚基础、强能力、重应用、善反思、能创新”的卓越小学全科教师，育人成效显著，社会影响广泛。通过多年的实践探索，广大毕业生立志成为新时代乡村卓越教师的理想信念更加坚定，对教师职业的认同感、责任感和使命感明显提升，从教能力显著增强。经过反复探索和持续改进，陇东学院小学教育专业人才培养体系更加完善成熟、教书育人水平不断提升、专业品牌效应日益显现、办学声誉不断提升，得到了社会、家长和学生的广泛认同。

全书共分为八章，第一章介绍了新师范教育的理念与特征，从背景、基础、内涵、目标，以及基本特征等方面论述新师范。第二章主要介绍卓越教师培养的相关理论，以及卓越教师的能力结构与核心特质。第三章论述了中国特色高质量教师教育体系的要素体系，包括价值体系、布局体系、支持体系，以及评价体系。第四章论述了卓越小学教师培养的机遇与挑战，通过梳理小学教师培养的历程、模式、特点，再结合典型案例进行分析。第五章是新师范背景下卓越小学教师培养体系的建构与实践，建构包括目标体系和课程体系，实践过程涵盖培养模式、培养过程和质量保障。第六章结合当前的人工智能展开论述，探讨人工智能+教育的意义与路径。第七章主要梳理了国外卓越小学教师培养的模式，以及国外卓越小学教师培养的启示。第八章主要从自我唤醒、课题带动、竞赛激励、校本培训四个方面阐述新师范背景下小学教师的专业发展。其中，本书的重点章节集中在中国特色高质量教师教育体系建设，新师范背景下卓越小学教师培养体系的建构与实践，以及人工智能时代的卓越小学教师培养。

师范教育，尤其是小学教师的培养，直接关系到基础教育的质量和未来。在新的时代背景下，基础教育更加注重内涵发展和全面提高育人质量。本书正是基于这一背景而撰写的，试图从多个角度、多个层面，全面而深入地探讨新师范教育的理念与特征、卓越教师培养的理论与实践、中国特色高质量教师教育体系的建设等问题。特别注重对中国特色高质量教师教育体系建设、新师范背景下卓越小学教师培养体系的建构与实践，以及人工智能时代的卓越小学教师培养等问题的探讨。这些章节不仅是笔者个人研究的重点，还是当前师范教育改革与创新的前沿领域。同时，笔者结合陇东学院小学教育专业的实践探索，通过具体案例阐述师范教育的改革方向与实践路径，全面介绍陇东学院在小学教育专业建设和卓越小学教师培养方面所做出的努力和探索。师范教育的改革与创新不仅关乎教师个人的成长与发展，更关乎整个国家和民族的未来。因此，笔者在书中尽可能吸收最新的研究成果和实践经验，力求为师范教育的改革与发展提供有益的参考和借鉴。

在编写过程中，我们参考了国内外一些专家的著作、论文和教材，引用部分直接在当页进行了标注，但难免会有疏漏之处，在此向这些专家学者致以诚挚的谢意。同时，感谢陇东学院所有在教师教育领域默默耕耘的同仁们，他们的辛勤付出和无私奉献为本书的创作提供了宝贵的素材和灵感。最后，由于作者能力和观念方面的局限性，以及其他主客观原因的限制 ，书中难免存在不足和疏漏之处 ，敬请专家、学者和老师提出宝贵意见，以便我们在未来的研究中不断完善和提高。

周进军

2024 年 11 月 15 日

目 录

第一章

新师范教育的理念与特征

党的二十大报告明确指出，教育、科技、人才是全面建设社会主义现代化国家的基础性、战略性支撑。将教育、科技、人才作为一个整体进行论述，强调了教育在全面建设社会主义现代化国家中的基础性、战略性支撑作用，充分体现了党和国家对教育重要性的高度重视。在新的时代背景下，师范教育被赋予了孕育新理念、制定新标准、探索新路径、构建新体系的使命，旨在培养能够适应新时代发展需求、具备高素质的卓越教师，以提升教育质量、促进教育公平，实现教育资源的均衡分配和优质教育的最大普及。新时代的师范教育将肩负起培养具有国际视野、创新精神和社会责任感的教师的重任，为构建人类命运共同体、推动社会全面进步提供坚实的人才和智力支持。

第一节　新师范建设的背景与基础

新时代塑造新格局，新格局呼唤新教育，新教育召唤新教师，而新教师需要“新师范”的培育。随着社会的快速发展和教育改革的不断深化，传统师范教育在培养标准、课程设置、教学方法等方面已难以满足新时代对教师素质的要求。因此，“新师范”概念应运而生，成为推进教师教育改革、提升教师教育质量的重要方向。本节旨在详细论述新师范的起源与背景，探讨其产生的必然性和必要性，以期为新时代教师教育的改革与发展提供参考。

一、新师范的起源

“新师范”是在新工科、新医科、新农科、新文科之后，提出并实施的教师教育、师范教育转型升级的新型师范教育模式。其起源可以追溯到2017年前后，当时我国教育领域正面临着前所未有的挑战和机遇。一方面，人民群众对教育的期盼从“有学上”升级为“上好学”，对基础教育高质量发展的资源供给提出了新要求；另一方面，随着人工智能、大数据等新技术在教育领域的广泛应用，教育形态和教学方式正在发生深刻变革，对教师素质和能力提出了更高要求。

在这种背景下，传统师范教育的问题逐渐凸显。一是培养目标单一，过分强调学科知识和教学技能的培养，忽视了教师的综合素质和创新能力。二是课程设置不合理，理论与实践脱节，缺乏针对性和实效性。三是教学方法陈旧，过分依赖讲授式教学，忽视了学生的主体性和创造性。四是评价体系不完善，过分注重考试成绩和论文发表，忽视了教师的实际教学效果和职业发展。为了解决这些问题，提升教师教育质量，我国开始探索和实施“新师范”教育模式。这一模式旨在培养具有理想信念、道德情操、扎实学识和仁爱之心的高素质专业化创新型教师队伍，为教育强国建设提供重要保障。

二、新师范的背景

（一）新时代教育发展的需求

新时代教育发展的需求是新师范产生的重要背景之一。随着我国社会经济的快速发展和人民群众对优质教育资源的迫切需求，教育领域的主要矛盾已经转化为人民日益增长的优质教育需求与教育发展不平衡、不充分之间的矛盾。为了解决这一矛盾，我国正在大力推进教育现代化，努力实现教育公平、教育质量和教育效益的全面提升。在这一过程中，教师队伍的建设成为关键。教师是教育的第一资源，是教育质量的重要保障。因此，提升教师素质和能力成为新时代教育发展的重要任务之一。而新师范教育模式正是为了适应这一需求而产生的，旨在培养更多高素质专业化的卓越教师，为新时代教育的发展提供有力支撑。

（二）教育改革的深化

教育改革的深化是新师范产生的重要背景之一。近年来，我国正在大力推进教育改革，旨在通过改革优化教育资源配置、提升教育质量、促进教育公平。在这一过程中，教师教育的改革成为重要环节之一。

一方面，随着教育改革的不断深化，传统师范教育的问题逐渐暴露出来，如培养目标单一、课程设置不合理、教学方法陈旧等。这些问题严重制约了教师教育的质量和效果，无法满足新时代教育发展的需求。因此，改革传统师范教育模式成为必然选择。另一方面，随着教育改革的深入推进，我国正在积极探索和实施一系列新的教育理念和教学模式，如素质教育、创新教育、终身学习等。这些新的教育理念和教学模式要求教师具备更高的素质和能力，如创新能力、实践能力、终身学习能力等。新师范教育模式正是为了适应这些新的教育理念和教学模式而产生的，旨在培养更多具有创新精神和实践能力的卓越教师。

（三）新技术在教育领域的应用

新技术在教育领域的应用是新师范产生的重要背景之一。随着人工智能、大数据等新技术在教育领域的广泛应用，教育形态和教学方式正在发生深刻变革。这些新技术不仅改变了教学内容的呈现方式和教学方法的选择，还促进了教育资源的优化配置和教育管理的智能化。

在这种背景下，教师需要不断学习和掌握新技术，以适应新时代教育的发展需求。新师范教育模式正是为了培养教师的新技术素养和创新能力而产生的。它强调理论与实践的结合，注重培养师范生的实践能力和创新能力。同时，它注重培养学生的信息技术素养和跨学科能力，以适应新技术在教育领域的应用需求。

（四）国际教师教育的趋势

国际教师教育的趋势是新师范产生的重要背景之一。随着全球化的不断深入、国际交流的日益频繁，国际教师教育的发展呈现出一些新的趋势和特点。这些趋势和特点为我国教师教育的改革和发展提供了有益的借鉴和启示。

一方面，国际教师教育注重培养学生的综合素质和创新能力。教师不仅应该具备扎实的学科知识和教学技能，还应该具备创新精神和实践能力。因此，在教学过程中注重培养学生的批判性思维、创新能力和团队合作精神等综合素质是十分必要的。另一方面，国际教师教育注重培养学生的信息技术素养和跨学科能力。随着新技术的不断发展和应用，教师需要不断学习和掌握新技术，以适应新时代教育的发展需求。同时，教师需要具备跨学科的知识和能力，以便更好地应对复杂多变的教育情境。

（五）国家相关政策支持与指导

党中央、国务院相继出台了《关于全面深化新时代教师队伍建设改革的意见》和《教师教育振兴行动计划（2018—2022 年）》等纲领性文件，加快了教师教育模式改革创新的步伐。这些文件为新师范建设提供了政策支持和指导；推动了师范专业建设及教师培养的转型升级。

1.《关于全面深化新时代教师队伍建设改革的意见》

2018 年，中共中央、国务院颁发了《关于全面深化新时代教师队伍建设改革的意见》（以下简称《意见》），对全面深化新时代教师队伍建设改革提出意见：“坚持兴国必先强师，深刻认识教师队伍建设的重要意义和总体要求”“着力提升思想政治素质，全面加强师德师风建设”“大力振兴教师教育，不断提升教师专业素质能力”“深化教师管理综合改革，切实理顺体制机制”“不断提高地位待遇，真正让教师成为令人羡慕的职业”“切实加强党的领导，全力确保政策举措落地见效”。

2.《教师教育振兴行动计划（2018—2022 年）》

《关于全面深化新时代教师队伍建设改革的意见》颁布后，教育部等五部门印发了《教师教育振兴行动计划（2018—2022 年）》，该计划提出：“经过 5 年左右努力，办好一批高水平、有特色的教师教育院校和师范类专业，教师培养培训体系基本健全，为我国教师教育的长期可持续发展奠定坚实基础。师德教育显著加强，教师培养培训的内容方式不断优化，教师综合素质、专业化水平和创新能力显著提升，为发展更高质量更加公平的教育提供强有力的师资保障和人才支撑。”

为了实现教师教育振兴行动的目标，《教师教育振兴行动计划（2018—2022 年）》将教师教育振兴行动细分为十大行动：师德养成教育全面推进行动、教师培养层次提升行动、乡村教师素质提高行动、师范生生源质量改善行动、“互联网+教师教育”创新行动、教师教育改革试验区建设行动、高水平教师教育基地建设行动、教师教育师资队伍优化行动、教师教育学科专业建设行动、教师教育质量保障体系构建行动。

3.《新时代基础教育强师计划》

为了全面深化新时代教师队伍建设改革，加强高水平教师教育体系建设，建设高素质、专业化、创新型中小学教师队伍，着力构建优质、均衡的基本公共教育服务体系，推动教育高质量发展。

其目标任务是到 2025 年，建成一批国家师范教育基地，形成一批可复制可推广的教师队伍建设改革经验，培养一批硕士层次中小学教师和教育领军人才。完善部属师范大学示范、地方师范院校为主体的农村教师培养支持服务体系，为中西部欠发达地区定向培养一批优秀中小学教师。师范生生源质量稳步提高，欠发达地区中小学教师紧缺情况逐渐缓解，教师培训实现专业化、标准化，教师发展保障有力，教师队伍管理服务水平显著提升。到 2035 年，适应教育现代化和建成教育强国要求，构建开放、协同、联动的高水平教师教育体系，建立完善的教师专业发展机制，形成招生、培养、就业、发展一体化的教师人才造就模式，教师数量和质量基本满足基础教育发展需求，教师队伍区域分布、学段分布、学历水平、学缘结构、年龄结构趋于合理，教师思想政治素质、师德修养、教育教学能力和信息技术应用能力建设显著

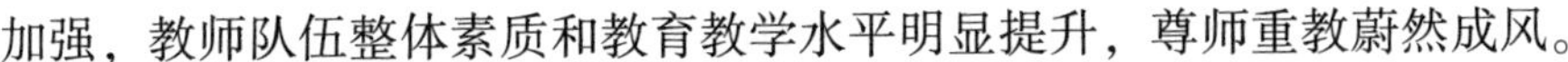

加强，教师队伍整体素质和教育教学水平明显提升，尊师重教蔚然成风。

4.《关于实施国家优秀中小学教师培养计划的意见》

2023 年，教育部印发了《关于实施国家优秀中小学教师培养计划的意见》（以下简称“国优计划”）。“国优计划”提出，从 2023 年起，国家支持以“双一流”建设高校为代表的高水平高校选拔专业成绩优秀且乐教适教的学生作为“国优计划”研究生，在强化学科专业课程学习的同时，系统学习不少于 26 学分的教师教育模块课程（含参加教育实践），通过“国优计划”研究生培养吸引优秀人才从教，为中小学输送一批教育情怀深厚、专业素养卓越、教学基本功扎实的优秀教师。首批试点支持 30 所“双一流”建设高校承担培养任务，每年每校通过推免遴选不少于 30 名优秀理工科应届本科毕业生攻读理学、工学门类研究生或教育硕士，同时面向在读理学、工学门类的研究生进行二次遴选，重点为中小学培养一批研究生层次高素质科学类课程教师。

（六）教师教育理念的更新与变革

随着科技的飞速发展和知识的不断更新，教育领域正经历着深刻的变革。基础教育课程改革、新课程标准的实施，以及教育信息化的发展等，都对教师的教育理念提出了新的要求。

1. 强化科技教育与人文教育的协同

新时代强调科技教育和人文教育的深度协同，这不仅有助于学生坚定理想信念、提升文化素养、培养综合能力，还能增强时代使命感和责任意识。这种协同需要思维认识上的突破和制度上的创新，构建强化科技教育和人文教育协同的体制机制。

2. 提升教师学科能力和学科素养

教师的学科能力和学科素养被视为教书育人的基础，贯穿教师发展全过程。高校需要优化课程设置，精选课程内容，夯实师范生坚实的学科基础。同时，中小学教师培训要强化学科素养的提升，推动教师更新学科知识、紧跟学科发展。

3. 打破传统“满堂灌”教学模式

新时代要求教师开阔视野，了解世界教育发展的新观念、新方法和新动态，从民族和国家发展的高度认识“满堂灌”对创新型人才培养的阻碍作用。

教师应把课堂还给学生，让学生在真实的情境中学习知识，提高能力和素养。

4. 教师培养模式的多元化和开放性

教师培养模式从单一走向多元，从封闭走向开放，多方协同共驱，提升人才培养质量。这包括选拔具有良好从教潜质和意愿的生源进行培养，实施二次选择制度，以及进行二次选拔。

5. 提升教师教书育人能力

新时代强调提升教师教书育人能力，强化高层次教师培养，实施教师学历提升计划，强化中小学名师与名校长的培养。同时，完善实施中小学教师国家级培训计划，建立教师全员培训制度和体系，加强乡村教师培训，提升乡村教师能力素质。

6. 实施数字化赋能教师发展行动

引领广大教师主动拥抱新技术，实施数字化赋能教师发展行动，推动教师积极应对新技术变革，着眼于未来的人才培养。

7. 弘扬教育家精神，加快建设教育强国

新时代要求教师弘扬教育家精神，加快建设教育强国，这包括培养更多承担民族复兴重任的时代新人。

8. 构建中国特色教师教育体系

新时代强调建设高素质、专业化、创新型的教师队伍，将师德师风作为评价教师素质的第一标准，推动师德建设的长效化和制度化。

三、新师范的必然性和必要性

（一）新师范的必然性

1. 教育现代化的需求

教育现代化是我国教育改革的重要目标之一。而教师是实现教育现代化的关键因素之一。因此，提升教师素质和能力成为教育现代化的重要任务之一。而新师范教育模式正是为了适应教育现代化的需求而产生的。它旨在培养更多高素质、专业化的卓越教师，为教育现代化提供有力支撑。

2. 教育公平的需求

教育公平是我国教育改革的重要原则之一。而教师是实现教育公平的关键因素之一。因此，提升教师素质和能力成为实现教育公平的重要任务之一。而新师范教育模式正是为了适应教育公平的需求而产生的。它旨在通过改革传统师范教育模式，提高教师教育的质量和效果，从而缩小不同地区、不同学校之间的教育质量差距，实现教育公平。

3. 教育国际化的需求

教育国际化是我国教育改革的重要方向之一。而教师是实现教育国际化的关键因素之一。因此，提升教师素质和能力成为实现教育国际化的重要任务之一。而新师范教育模式正是为了适应教育国际化的需求而产生的。它强调培养学生的国际视野和跨文化交流能力，以适应全球化背景下的教育需求。

（二）新师范的必要性

1. 提升教师教育质量

传统师范教育模式存在一些问题，如培养目标单一、课程设置不合理、教学方法陈旧等。这些问题严重制约了教师教育的质量和效果。新师范教育模式正是为了解决这些问题而产生的。它强调理论与实践的结合，注重培养学生的实践能力和创新能力。同时，它注重培养学生的信息技术素养和跨学科能力。这些措施有助于提高教师教育的质量和效果，培养更多高素质、专业化的卓越教师。

2. 促进教师专业发展

教师专业发展是教师教育的重要目标之一。而新师范教育模式正是为了适应教师专业发展的需求而产生的。它强调培养学生的终身学习能力和自我发展能力，以适应新时代教育的发展需求。同时，它注重培养学生的实践能力和创新能力，以促进教师的专业发展。

3. 推动教育改革与发展

教育改革与发展是我国教育事业的重要任务之一。教师是推动教育改革与发展的重要力量之一。因此，提升教师素质和能力成为推动教育改革与发展的重要任务之一。新师范教育模式正是为了适应教育改革与发展的需求而产生的。它强调培养学生的创新精神和实践能力，以适应新时代教育的发展需求。同时，它注重培养学生的信息技术素养和跨学科能力，以推动教育改革与发展。

第二节　新师范教育的内涵与目标

“新师范”是一个涵盖了新时代教师教育改革与发展的新概念，旨在适应新时代教育现代化和建设教育强国的要求，构建开放、协同、联动的高水平教师教育体系，建立完善的教师专业发展机制，培养适应新时代要求的高素质专业化创新型的卓越教师。

一、新师范教育的内涵

新师范教育是在新时代、新理念框架下产生的，区别于传统的师范精神，是对师范教育的重新定位，目的是坚持师范教育的初心，并使师范教育成为大时代浪潮下造福中国人民、塑造中国时代精神、推动中国教育与世界教育接轨的引擎。

要全面理解新师范教育，可以从历史、本质、时代三个维度切入①。

（一）历史维度：新师范教育是教师教育新体系中的“后教师教育”

从历史维度看，新师范教育不是简单的“翻新”，而是在特定历史阶段背景下的“创新”。新师范教育需要站在师范教育发展的进程与链条上把握其内涵，也需要在历史与现实的交汇处全面阐释新师范教育的质变点。

我国的师范教育经历了传统师范教育和教师教育两个历史阶段。在传统师范教育阶段，已经解决了教师培养专业化和国家化的问题。在教师教育阶段，也解决了教师培养工作开放化和一体化的问题。如果说传统师范教育解决的是门类设置问题，那么教师教育阶段解决的就是系统搭建问题，而新师范教育则解决的是性能升级的问题。因此，新师范教育需要解决更多的问题，同时，时代也对新师范教育提出了更高的要求。新师范教育的诞生是带着历史使命而来的，应当是对传统师范教育和教师教育的双重超越。首先，新师

① 龙宝新．“新师范”的三重含义与建设路径［J］．当代教师教育，2023，16（1）：14—21.

范教育继承和弘扬传统师范教育的师范精神，朝着视野更广、合作化的方向发展；其次，新师范教育继续弘扬教师教育的开放精神，坚持持续性终身模式，实现更高的高度和更深的精度。

当前，师范教育存在一些亟待解决的问题。进入教师教育阶段，师范教育的精神内核面临着消散的风险，具体表现为中职的停办、教师选聘的社会化、师范大学的综合化、师范办学的市场化，以及教师教育的大学化，这些都影响着师范教育精神内核的重建。新师范教育的提出实际上展示了“后教师教育”的开启。

“后教师教育”时代由一个教师教育新体系组成，这个新体系是“以国家教师教育示范基地为引领、师范院校为主体、高水平综合大学参与、教师发展中心为纽带、优质中小学为实践基地的开放、系统、联动的现代教师教育体系”，这一教师教育新体系预示着中小学、综合大学和区县教师发展中心之间的联系将越来越紧密。“后教师教育”时代更加强调新师范精神的重建，致力于在开放化、一体化、多样化的教师教育格局中凝聚师范精神，提升师范教育的精度，进一步加强师范教育在整个教师教育体系中的主导性与领导力。

综上所述，新师范教育一定要坚守爱国、育师、强教、树人的师范精神，彰显师范教育的主导功能，它是历史发展的必然结果，昭示着“后教师教育”时代的到来。

（二）本质分析：培养卓越教师专业化的师范教育

2018 年，教育部发布了《关于实施卓越教师培养计划 2.0 的意见》，就实施卓越教师培养计划 2.0 提出总体思路：

“围绕全面推进教育现代化的时代新要求，立足全面落实立德树人根本任务的时代新使命，坚定办学方向，坚持服务需求，创新机制模式，深化协同育人，贯通职前职后，建设一流师范院校和一流师范专业，全面引领教师教育改革发展。通过实施卓越教师培养，在师范院校办学特色上发挥排头兵作用，在师范专业培养能力提升上发挥领头雁作用，在师范人才培养上发挥风向标作用，培养造就一批教育情怀深厚、专业基础扎实、勇于创新教学、善于综合育人和具有终身学习发展能力的高素质专业化创新型中小学（含幼儿园、中等职业学校、特殊教育学校，下同）教师。”

我们从中概括出卓越教师的关键素养包括教育情怀、专业基础、教育创新、综合育人，以及自我发展的能力。与之相对应的是，新师范教育的本质就是为了培养具备这五项关键能力的新型师范教育形态。因此，新师范教育的重点应当放在以下几个方面：

（1）将师德、教育精神视为教师职业的灵魂。

（2）将教书育人视为新师范教育的立身之本。

（3）注重教师专业成长，强调持续发展、终身学习和反思创新。

（4）大力提升师范教育的师德教育力、师能发展力和自我创新力。

我国师范教育教师培养工作始终处在变化中，这种变化是由时代和教育本身的规律决定的。在师范教育阶段，教师培养工作的重点主要在学科知识上。到了教师教育时代，专业化的要求促进教师专业化知识的加强，这是这一阶段的工作重点。到了新师范教育时代，精神塑造、卓越、创新将成为教师培养的重点，也是未来很长一段时间内师范教育的新支点。张伟坤等在“新时代与新师范：背景、理念及举措”一文中提到，新师范教育培养目标应当实现“从强调学科基础到重视综合素养及追求卓越的转变”。这一转变是教师培养过程的必经阶段。而新师范教育所培养的教师一定是真正适合当前教育发展的，能推动教育向前发展的新型教师。

（三）时代定义：高质量发展背景下的创新型师范教育

进入新时代，中国迈向了现代化和高质量发展的阶段，这一阶段是中国赶超世界一流的时代，与之相适应的教师教育是新师范教育。新师范教育所肩负的时代使命是减少人们日益增长的优质教育需求与不均衡的教育现状之间的矛盾，旨在为基础教育高质量发展提供最先进的师范教育服务，培养卓越教师，并充分发挥新师范教育作为优质基础教育的工作母机的功能。

在高质量发展的过程中，需要创新型师范教育。实际上，这种创新并非空穴来风，而是与当今时代的知识、技术、信息、数据等相关联，需要运用新的科技和信息手段来拓展师范教育的深度与广度，从而成为推动教育高质量发展的新动能和新增长极。因此，新师范教育的时代定义应当立足于高端的师范教育，其中包括以智能驱动为支撑、以创新驱动为动力、以满足社会需求为目的的现代师范元素。而新师范教育的时代使命是致力于探索师范教育发展的新动能和新增长极，从而构建人民满意的现代师范教育体系。

从时代发展背景分析，新师范教育呈现出三个新的特点：首先，新师范教育与互联网、人工智能紧密衔接在一起，未来师范教育将依托科技、信息和大数据等手段促进师范教育的智能化、信息化与现代化。其次，新师范教育的创新表现在观念、制度、模式和思维等方面，这些创新将成为新师范教育发展的核心与根本，推动新师范教育形成新形态。最后，新师范教育强调师范教育的中国化和民本化，这是新师范教育的新时代特点，它将始终坚持“以人民为中心来办师范教育”的原则，构建高理念、高技术和高价值的新师范教育新形态。

二、新师范教育的本质

新师范教育在整个教师教育体系中功能突出，它是所有教师教育机构的立交桥，也是推动教师教育高质量发展的引桥，还是构建新时代教师教育体系的彩虹桥。根据该功能定位，将新师范教育的理论框架概括为以下四个方面。

（一）内核：“师范精神”

所谓师范，指的是所学要为世人之师，所行应为世人之范。1996 年，启功先生曾挥笔写下“学为人师，行为世范”，巧妙地将中华民族的文化精髓与中国教师的优良传统融合在一起，使其成为师范精神的符号。师范精神是新师范教育的灵魂工程，新师范教育需要赋予师范精神新的时代内涵，进一步扩展师范精神的外延与内涵。过去，国内教师教育的工作重点放在教师教育的体量扩展上，重视教师教育理论上的延伸，而对师范精神有所忽略，因此，新师范教育需要将师范精神作为延续师范教育、撼动世界的根本。

新师范教育的师范精神可以理解为“称得上楷模”的教师培养质量标准，进一步讲就是，师范院校应当培养出可以为国人、世人做标杆的旗帜型教师，成为学生在做人、做事、做学问上都能垂范的“先生”。从这一点看，新师范教育的“师范精神”要求更高，它凝聚着现代优秀教师的核心品格。师范首先是一个鲜明的“中国人”形象，是具有世界眼光、现代意义的先进中国人形象；其次，师范还应当是通晓文化知识、学科知识、教育专业知识的教师；

最后，师范还应当是新生一代的人生导师。因此，新师范教育所彰显的师范精神是本土化表达的结果，其目的是培养出具有家国情怀、卓越人格的“真先生”。

“师范精神”理论框架中还凝聚着大学精神、国家精神和专业精神。首先，师范精神是大学精神的源头。有学者认为，大学精神高于师范精神，但实际上，师范精神才是大学精神的源头。梳理高校演进史我们会发现，大多数大学的前身其实都是师范院校，其治学宗旨都是师范精神的延伸。只是在教师教育大众化、综合化的今天，师范精神被遮蔽。其次，师范精神有助于提升国家精神。在当前教师教育国际化发展的过程中，学以报国、教以济世等爱国精神往往被弱化，而一些专业的知识与技能则被强化。师范精神的坚守，能够唤起师范教育的国家精神，强化教师作为社会主义现代化建设一部分的社会责任，进一步夯实师范生的国家责任和政治责任。最后，师范精神进一步强化专业精神。强调师范精神的内涵，能坚定专业精神、专业态度，以及专业理想，从而促进专业精神的形成与引领作用。

（二）内向聚合：发挥师范教育的内力作用

当前，我国教师教育系统以师范教育为主体，因此师范教育的内力作用不可忽视。在当前时代背景下，师范教育的重点应放在如何提升对整个教师教育系统的统摄上、如何将分散的教师教育机构与教师教育力量聚合起来上。

1. 在教师教育系统中，师范教育应当发挥内力聚合作用

师范院校的教师教育系统主要分为内系统和外系统。内系统指的是直接参与教师培养的机构，主要包括综合性大学、教师培训/教育学院、县区教师发展中心等。外系统指的是支持师范院校教师培养工作的相关机构，主要包括政府教育行政部门、基础教育学校（中学和小学）、校外培训机构等企事业单位构成的教师教育子系统。

内系统主要解决的是系统内部培养责任分工与一体化联动问题，因此，师范院校需要创新教育理念和教师发展理念，完善教师培养模式，努力提升自身在教师教育联动中的话语权，这样才能深化与其他机构的合作，更好地促进一体化联动。外系统主要解决教师培养过程中的环境优化问题。因此，师范院校需要加强合作意识，提升合作能力，为外系统提供更多科学的建议，

引导外部的教师教育资源持续注入教师教育系统，为整个教师教育系统营造良好的发展环境。

2. 在师范生职业生涯过程中，师范教育应当发挥内力凝聚作用

师范生在从迈向师范专业的大门到结束教师职业的漫长过程中，会接受不同形态的教师教育，师范教育只是其中的一项，但师范教育的意义是独一无二的，它发挥着内力凝聚作用。其作用表现为引导师范生走向教育事业，提供专业素养和能力方面的系统训练，为师范生的职后发展提供基础等。因此，在新师范教育框架中，师范教育应当涵盖三点：

首先，新师范教育需要帮助师范生树立终身从教、矢志不渝的教育信念，并为师范生提供源源不断的力量来源。

其次，新师范教育需要为师范生提供精准的专业服务，包括专业学习能力、专业判断能力、专业想象能力和专业人格能力，促使其形成专业核心素养。

最后，新师范教育还要帮助师范生规划人生职业生涯、坚定职业理想、塑造职业品格，引导师范生快速进入职后发展快车道，尽快步入职业成熟期。

（三）科技赋能：促进教师教育形态的升级

当今时代，信息技术和人工智能技术已经进入师范教育的各个环节，并且发生了很大的变化。部分人工智能开始胜任一些复杂的工作，比如专业技能训练、虚拟训练环境创设、课程作业管理、学情分析诊断和教学效果评价等。这些领域因为人工智能的介入，效率大幅提升，有的甚至显示出优于普通教师教育者的倾向。例如，人工智能技术可以运用到分析学生的面部表情、心理和动作，从而判断学生的上课状态。人工智能根据相应情况匹配与师范生学习需求及学习水平相适应的内容，从而实现个性化学习。当前，更先进的师范生人工智能学习系统将具备更多的功能和服务，包括学习功能和互动功能，这些无疑具备了巨大的优势。但我们需要看到的是，人工智能在未来很长时间内不可能取代教师而单独存在，未来的师范教育将是师范教育+人工智能融合的时代。

师范教育+人工智能模式主要依托人工智能技术平台，重点打造师范教育领域，凸显师范教育中的科技优势，促进师范教育领域中人工智能产品的技术研发与新业态形成。

（四）外能培养：高性能教师成长

新师范教育在促进高性能教师成长上表现为：

1. 师范教育需要在师范生专业增值效应上发力，以打造有影响、有深度的师范教育

有效的师范教育服务涵盖两个方面的内容，其一是师范教育服务的品质，即师范教育活动应符合师范生专业成长所需要，且处于最近发展区内，教育服务兼具教育性与营养性。其二是师范生参与师范教育的深度，即能让师范生全身心地参与到师范教育服务过程中，形成师范生与服务之间的互动关系，进而提升师范生专业认知结构和专业行为图式。可以说，有效的师范教育服务对师范生来说是积极且有意义的服务形态，是提升师范生持续增值的服务形式。

2. 师范教育需要成为杠杆型教育，助力师范生职后教育并撬动其职业人生

优质的师范教育对师范生来说至关重要，它不仅是师范生安身立命的基础，还是师范生提升职业人生高度的助推剂。高性能教师成长需要高效能的师范教育发力，这样才能增强其对师范生职业人生的影响。师范教育的意义不仅在于有限的大学四年中，而是会辐射师范生整个职业生涯，师范教育也会影响整个基础教育，给整个基础教育事业带来变革。从这一重大意义来看，新师范教育建设的基本思路是：师范教育应当从“种子素质”“基因品质”入手，不断提升师范生的各项素质，实现师范教育“外能”增效的作用。

三、新师范教育的目标

师范教育的目标是多维度、深层次的，旨在适应新时代教育发展的需求，通过改革和创新，培养具有高素质专业化创新型的教师队伍，以支撑教育现代化和建成教育强国的目标。

（一）培养具有现代教育理念的教师

新师范教育的首要目标是培养出具有现代教育理念的教师。现代教育理念强调以学生为中心，注重培养学生的创新能力和实践技能，倡导终身学习和全面发展。新师范教育应引导未来的教师树立正确的教育观、学生观和人

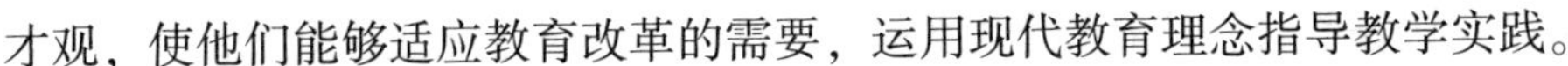

才观，使他们能够适应教育改革的需要，运用现代教育理念指导教学实践。

（二）强化教师专业素养和教学能力

新师范教育的目标之一是强化教师的专业素养和教学能力。这包括扎实的学科知识、先进的教学方法、有效的课堂管理技巧，以及对学生心理的深刻理解。新师范教育应注重理论与实践相结合，通过模拟教学、微格教学、教育实习等环节，提高师范生的教学设计、实施和评价能力。

（三）培养教师的创新精神和研究能力

在知识经济时代，创新是推动社会进步的核心动力。新师范教育的目标之一是培养具有创新精神和研究能力的教师。这要求师范生不仅必须掌握扎实的专业知识，还必须具备独立思考、解决问题和科学研究的能力。新师范教育应鼓励师范生参与教育科研项目，培养他们的创新意识和研究素养。

（四）提升教师的信息技术应用能力

信息技术的迅猛发展对教育领域产生了深远的影响。新师范教育的目标之一是提升教师的信息技术应用能力。这包括熟练运用多媒体教学工具、网络资源，以及各种教育软件进行教学设计和实施。新师范教育应将信息技术融入课程体系，使师范生能够适应数字化教学环境，提高教学效率和质量。

（五）强化教师的国际视野和跨文化交流能力

在全球化的背景下，教育的国际化趋势日益明显。新师范教育的目标之一是开阔教师的国际视野，提高教师的跨文化交流能力。这要求师范生了解不同国家和地区的教育制度、文化背景和教学方法，培养他们的国际意识和跨文化沟通能力。新师范教育应加强国际交流与合作，为师范生提供海外学习和实践的机会。

（六）关注教师的职业道德和人文关怀

教师是人类灵魂的工程师，其职业道德和人文关怀对学生的成长至关重要。新师范教育的目标之一是关注教师的职业道德和人文关怀。这要求师范生树立正确的价值观，具备高尚的职业道德和强烈的社会责任感。新师范教育应加强师德教育，培养师范生关爱学生、尊重差异、公正无私的品质。

（七）构建终身教育体系，促进教师持续发展

教育是一个持续发展的过程，教师的专业成长也需要终身学习。新师范教育的目标之一是构建终身教育体系，促进教师的持续发展。这要求师范生树立终身学习的理念，养成自主学习的习惯。新师范教育应为教师提供多样化的继续教育和专业发展机会，帮助他们在职业生涯中不断进步和成长。

（八）注重教师的个性化发展和多元智能培养

每个学生都有其独特的个性和潜能，教师应关注学生的个性化发展。新师范教育的目标之一是注重教师的个性化发展和多元智能培养。这要求师范生了解多元智能理论，尊重学生的个体差异，运用多样化的教学策略满足不同学生的需求。新师范教育应鼓励师范生发展个人特长，以培养自身的创新思维和多元智能。

第三节　新师范教育的基本特征

中共中央、国务院《关于全面深化新时代教师队伍建设改革的意见》（以下简称《意见》）中提出建立以师范院校为主体、高水平非师范院校参与的中国特色师范教育体系。新师范教育作为新时代的产物，我们需要对其基本特征进行梳理。

新师范教育与以往的师范教育、教师教育相比较，既有创新之处，又有回归之处，概括起来主要有四点。

一、重视师德建设

侧重师德建设是新师范教育的重要特征之一，与当前高校重视教师职业道德高度一致。《意见》指出，要引导广大教师以德立身、以德立学、以德施教、以德育德，坚持教书与育人相统一、言传与身教相统一。新师范教育将师德教育作为师范生培养和教师培训课程的必修内容，并将其贯穿于整个师范教育的全过程。师德建设既重要又紧迫，新师范教育着力抓住师德建设的四个形态进行打造。

（一）师德建设的重要性与紧迫性

新时期加强师德建设具有重要性与紧迫性，这不仅是教育系统的重要任务，还是加强未成年人思想道德建设的重点。在新时期，师德建设应当提升到一个新的高度，充分认识其重要意义。

1. 师德建设的重要性

（1）师德建设关系到社会主义建设者和接班人的培养。教师是人类灵魂的工程师，对中小学生的成长有引导作用。教师的工作不仅连接着千家万户，还连接着社会的未来。因此，教师队伍的思想政治素质和职业道德水平直接影响中小学教育的成果。在市场经济条件下，教育资源迎来大发展，这为基础教育的发展带来了动力，促进了其快速发展。但同样需要看到，市场经济环境也给青少年带来了负面影响。目前，一些领域出现道德失范、假冒伪劣、诈骗等现象，一些地方出现封建迷信、不正当言论等社会丑恶现象，尤其是新兴媒体，它虽然扩展了未成年人的学习和娱乐渠道，但也引发了一些不良文化和信息的蔓延，腐蚀了他们的心灵。在这种情况下，需要道德高尚的教师去引导和培养未成年人，以促进其健康成长。

（2）师德建设关系到党和国家教育方针的贯彻，以及培养目标的实现。要发展教育事业，必须依靠教师队伍。党和国家要贯彻落实教育方针，实现培养目标，就必须培养一支德才兼备的教师队伍。党和国家一直高度重视师德建设，无论过去、现在，还是将来，都需要坚定不移地推进。这种重视的根本原因在于教师身份的特殊性，他们不仅是开启智慧的智者，还是塑造灵魂的工程师。同时，师德建设关系到教育事业的成败。

（3）师德建设对提升公民的社会公德、家庭美德和职业道德有积极的意义。公民的社会公德有一部分来源于学生时代，教师对学生开展社会公德教育，需要以崇高的师德来教育广大学生履行社会公民义务，遵守社会公德。教师也应当是家庭美德的践行者、教育者和传播者，教师需要以家庭伦理来规范自己，通过宣传教育引导更多的人共建家庭美德。职业道德方面，虽然师德是众多职业道德中的一种，但由于职业的特殊性，教师被赋予了较高的期待值。因此，师德不仅是教师自身的规范，更是所有职业道德和社会道德的规范。师德常被视为一个国家的最后道德防线，直接关系到全民族素质的提升。

2. 师德建设的紧迫性

（1）师德建设是师范教育应对各种挑战的重要路径。随着教育的快速发展，教育面临越来越多的挑战。在国际上，敌对势力运用各种各样的方式直接或者间接渗透或传播各种不良信息，教育青少年的任务比以往任何时候都更加错综复杂。从国内形势来看，随着改革开放的深入，市场经济取得了显著成绩，人民的物质条件得到了极大改善，人们的精神生活日益丰富。但市场经济带来有利因素的同时，也给教育带来了负面影响。青少年情绪波动大，容易受不良价值观和观念的误导，出现了诸如价值扭曲、信念模糊、缺乏社会责任感和合作意识等问题，这些问题需要通过加强青少年思想道德建设来改善，而这些建设离不开师德建设。只有教师具备高尚的道德和过硬的素养，才能保证学生成为合格的接班人。

新时代的教师队伍建设需要强化教师的各项素质，重视师德培养。广大教师要关爱学生、教书育人，树立正确的教育观、质量观和人才观，忠于职守、敬业奉献，以良好的精神状态和崇高的理想追求去引导学生，并影响他们。

（2）师德建设的问题亟待解决。随着时代的发展，社会政治和经济的变化也会影响教师的职业意识和职业变化。师德建设不仅具有长期性，还有显著的时代性，但需要解决几个问题。

①师德建设被视为软任务来建设。

一些教育行政部门和学校在师德建设方面仍然存在重视不够、措施不力等问题，过于关注规模扩展，而将师德建设视为软任务，导致其进展缓慢。

②师德建设的制度环境需要改善。国家应出台相关制度，以实现有章可循。师德建设是一项树立意识、立规矩、重落实的系统性工程，而这些方面需要进一步完善，以改善师德建设的制度环境。

③教师的德育能力需要进一步提升。目前，教师的德育能力不足，未能与教育的改革发展要求和人民群众的需求相适应。尤其在市场经济大浪潮的冲击下，教师很容易出现一些违背教育基本规律的不良行为，因此必须加以杜绝。师德作为衡量全社会职业道德的标尺，具有示范意义。师德建设可以提升教师的德育能力，促进认识与实践上的全面提升。

（二）新师范教育在师德建设上的具体形态

形态指的是形式样态及存在状态，师德是深厚的知识修养和不凡的文化品位的体现。这是对师德在形态上的解读。新师范教育在师德建设上的形态主要聚焦于以下四种。

1. 思想观念形态

所谓思想观念，指的是人们在生产实践活动中形成的，对客观事物的认识。客观存在通过人的思维活动反映于认识并形成结果。当人们提及“师德”时，第一反应是一系列的关于认识、观念、立场和规范的表达。换言之，思想观念形态实际上是师德内容中最基本，也是最重要的形态，它决定了能否理解和把握师德的整体思维框架。

思想观念是人们对客观事物的认识，一般分为感性认识和理性认识，其中感性认识表现为情感和意识，是浅层认识；理性认识则强调个体通过各种思维形式，如概念、判断、推理等去理解和把握客观事物的规律，形成知识、观点、观念等。例如，一个教师非常热爱自己的职业，热爱工作、关心学生、关注学科前沿等，这些都属于感性层面的思想意识。而专业素养、师德等的认识与内化则属于理性认识。教师通过对师德的认知与了解、认同与内化，上升到规则意识和职业认同，这就是理性认识。

思想观念还表现为一种“价值”，进一步概括就是，思想观念形态可以说是“立场”或“观念”。拥有什么样的阶级立场、政治立场，树立怎样的世界观、人生观、价值观等，都属于“价值”层面的内容。

新师范教育强调师德价值层面的力量，引导教师在逻辑上合乎正确的世界观、人生观和价值观，从根本上夯实师德建设。

2. 精神品格形态

师德在时代发展的浪潮中被赋予了不同的层次，大多数时候，人们对师德的认识停留在思想观念层面。事实上，师德在精神品格方面也有表现，但人们并没有意识到这一点。师德超越了思想观念形态，是一种精神性和品格性的特殊道德领域。它虽由一定的思想观念形态衍生而来，但其本质并不局限于某种意识或认知。例如，人们经常用无私、高尚、奉献、忘我等词语来形容教师的师德，这些其实已经将思想观念层面的意义内化为师德的意蕴。这些词语并不能完全被思想观念所涵盖，而是属于精神品格的范畴。

精神品格形态与思想观念形态相比，更强调人的心理、情绪、形态、意志等精神状态，这揭示了精神在师德中的重要性。

新师范教育的师德建设的显著特点是强调精神品格的重要性。新师范教育着力培养爱国主义精神、敬业精神、人文精神、诚信品质、自律精神。其中，爱国主义精神是由家国观念和爱国情感凝结而成的，敬业精神和人文精神是由职业理念、教学理念发展而来的，诚信品质、自律精神则是由一定的道德观念升华而产生的。师德建设的这些内容都是从精神品格形态方面展开的。

习近平总书记强调师德精神在品格形态上的内容，比如，他曾提出“教师要时刻铭记教书育人的使命，甘当人梯，甘当铺路石”“当老师，就要心无旁骛，甘守三尺讲台，‘春蚕到死丝方尽，蜡炬成灰泪始干’”，以及他所提倡的“教育家精神”，这些都是当代教育应当具备的精神品格。

3. 能力水平形态

在师德建设过程中很容易出现这样的误区，即将“道德”层面与“能力”层面相分离。只看“道德”不看“能力”的做法显然是行不通的。教师要教书育人，要以恰当的方式教育学生，不仅需要从思想观念、精神品格层面切入，还需要具备相应的能力，以此全面把握其综合素质。

教师的基本素质包括扎实的知识基础、过硬的教学能力、勤勉的教学态度和科学的教学方法，其中知识是根本。同样，在当今社会，信息化进程加快，随之带来的是知识获取和传授方式的变化，教与学的关系也发生了根本性转变，这些变化对教师队伍的能力和水平都提出了更高的要求。

师德建设需要从能力水平形态把握，将能力纳入师德建设。当然，并不是所有的能力都需要不加区分地纳入师德建设，而是将一些特定的、能考察教师某些道德问题的认知能力、分析能力、理解能力、判断能力和践行能力等纳入其中。例如，教育部在2021年印发的《中学教育专业师范生教师职业能力标准（试行）》中提出，教师应具备师德践行能力、教学实践能力、综合育人能力和自主发展能力。其中，师德践行能力主要涵盖两个方面的内容，即遵守师德规范和涵养教育情怀，强调从知、情、意、行等方面培养师范生对党的教育方针的领悟能力和践行能力，以及与之相应的教育方式、方法与艺术。由此可见，师德建设需要在能力方面得到体现。

4. 行为表现形态

行为表现形态强调的是外在行为表现，而思想观念、精神品格和能力水平这三大形态也需要行为表现来实现。近年来，党和国家不仅重视师德的道德规范与专业标准，还非常重视教师职业行为的规定与约束。重视行为表现形态，是因为行为表现是在一定的思想观念、精神品格和能力水平基础上显现出来的，而且它们需要外在的行为来外化表现。另外，能力水平所显示的是综合素质，具有实践导向性与结果导向性，需要在过程与结果的双重互动中衡量，其衡量的标准是目标的实现情况。

教师的理想信念需要树立坚定的政治立场，始终忠于党和人民的教育事业，为国育人，并为社会主义现代化建设培养合格人才。教师的学识及科研能力也需要通过实践教学、恪守学术规范、生成学术成果等硬性指标来显现。

行为表现形态并不是师德的最终体现，亦非最高标准。师德的最终指向应该是在内化于心、外化于行的双向互动中，通过外化的行为表现生成新一轮、更高级的内在观念与精神。

二、强调师范院校的主体地位

《意见》提出建立以师范院校为主体、高水平非师范院校参与的中国特色师范教育体系，推进地方政府、高等学校和中小学“三位一体”协同育人。对此，要明确师范院校的办学定位，引导师范院校合理发展。师范院校要以坚持教师教育为主，以培养教师为主的原则。

（一）师范院校的困境

当前师范院校在拓展规模的同时也面临着“去教育化”的窘境。如今，教师培训体系已有很大的发展，从原来的封闭状态走向开放，许多师范院校还选择了全面发展的道路，但“去教育化”也成了当下师范院校面临的困境。师范院校“去教育化”主要表现为在中国的所有师范院校中，只有 26 所被定为综合性大学或高水平大学，6 所为普通师范院校，15 所为专门的师范院校。办学定位上的综合化导致师范院校有“师范”的名号，却没有师范的特色。

此外，在高等教育大众化的今天，师范院校增设了不少非师范类的专业，这种现状在一定程度上降低了师范院校教师培养的主业地位，导致师范生培养质量下降。有时，受生源质量及培养质量的双重影响，师范生往往只关注自己的学科专业，知识迁移能力较弱，往往不如综合性院校的学生。因此，一些中小学更愿意从综合性大学那里招聘教师。

（二）新师范教育以师范院校为主体

虽然综合性大学的生源质量较好，有些学科门类和提升水平强于师范院校，但广大师范院校所传承的师范文化、学科专业优势及独特的人才培养模式是特有的，这是综合性大学所不具备的。因此，新师范教育需要强调师范院校的主体地位，应将重点放在师范院校上，只有这样才能培养造就新时代高素质的卓越教师。

一流的大学不在于规模的大小，也不在于学科的全面，而在于拥有的特色。师范院校应当发挥自己的特色，并将其发挥到极致。师范院校的“再师范化”是着力点，“再师范化”并非简单的综合化的转向，而是在综合化的基础上发挥特色、发展专长。这是基于历史传统和时代需求重塑新师范教育特色的做法。目前，新师范教育强调建立一批标杆地方师范大学，突出示范带动，以点带面，以特色引领地方师范院校的发展。

高质量的教师教育应当深化供给侧结构性改革，重振师范教育。师范院校是开展教师教育的主要阵地，在整个教师教育体系中意义重大。我国师范院校的主要特色与优势是教师教育，在师资培养方面积累了丰富经验，能够为基础教育输送大量优秀教师。同时，师范院校加强与一线中小学的紧密互动，不仅使教师教育与教学实践接轨，还能引领基础教育实践的发展。总之，师范院校在教师教育体系中的主体地位，源于其在文化引领、资源供给、制度保障、专业投入和人才培养等方面的综合优势。

目前，教育部高度重视师范院校的主体地位，并进一步落实中央关于全面深化新时期教师培训改革的相关要求，加大对师范院校的各项支持力度。此外，教育部还需不断提升师范院校和教师培训项目的标准和质量保障，进一步加大培养卓越教师的力度，让师范院校的"师范性"优势充分彰显。

到目前为止，师范院校与非师范院校共同举办教师教育的开放体系基本形成。未来，如何强化师范院校与非师范院校之间的联动，统筹学科优势等方面都需要进行探索。

三、凸显教师的国家使命及确立教师的地位

（一）凸显教师的使命

在新师范教育建设过程中，重视凸显教师的使命。首先，《中华人民共和国教师法》第三条规定，教师是履行教育教学职责的专业人员，承担教书育人、培养社会主义事业建设者和接班人、提高民族素质的使命。《意见》提出教师承担着传播知识、思想、真理的历史使命，肩负着塑造灵魂、生命、人的时代重任，是教育发展的第一资源，是国家富强、民族振兴、人民幸福的重要基石。《意见》从国家战略层面阐述了教师的使命和职责，并将教师提升到影响和决定教育发展的"第一资源"的高度，同时是影响和决定国家富强、民族复兴与人民幸福的重要基石，因此，教师成为令人羡慕的职业。

新师范教育需要明确教师的特殊地位。具体来说，教师的国家使命需要凸显，"突显教师职业的公共属性，强化教师承担的国家使命和公共教育服务

的职责，确立公办中小学教师作为国家公职人员特殊的法律地位”。教师作为国家公职人员，其进行的教育教学活动实际上是在履行一种公共责任。因此，教师的职责也与传统意义上的教书育人有所区别。公办中小学教师需要履行的义务包括强化国家责任、政治责任、社会责任和教育责任。

（二）确立教师的地位

首先，教师的地位体现为“兴国先兴师”的战略定位。教师的职责已经提升到国家战略的高度，并且教师工作与国家强盛、民族复兴紧密相连。《意见》中提到，要“坚持教育优先发展战略，把教师工作置于教育事业发展的重点支持战略领域，优先谋划教师工作，优先保障教师工作投入，优先满足教师队伍建设需要”“各级政府要将教师队伍建设作为教育投入重点予以优先保障，完善支出保障机制，确保党和国家关于教师队伍建设重大决策部署落实到位”。这些无疑保障了教师的地位。

其次，确立和实现教师地位表现为教师收入待遇的提高。教师的职业价值、职业使命，以及公共属性需要待遇上的保障，需要保障教师的各项权利。目前，教育发展的瓶颈主要集中在农村，其中最突出的问题是教师质量不足。而要提升农村教师的质量，关键在于提高教师的政治地位、社会地位和职业地位等，切实提升教师的待遇，以吸引更多的师范生及优秀人才从事教育事业。

新师范教育致力于提高教师地位，完善教师待遇保障机制，这是落实教师职业公共属性、进一步提高教师待遇的前提条件。在建设过程中，要确保教师的工资不低于或者高于当地公务员的平均水平，保障教师的待遇。此外，积极落实乡村教师的生活津贴，保障乡村教师的生活。

四、注重教师专业化发展

教师的专业化发展是近几年教育领域的一个热词，也是国际教师教育发展的一大趋势。“教师专业化发展”可以从“专业化”和“发展”这两个角度切入。首先，“专业化”与教师这一职业的规范相关联，“发展”则与教师的成长相关联。因此，“教师的专业化发展”可以从两个层面进行解读。一是将教师视为一个群体的专业化发展，强调整个教师队伍的专业提升，这种理解往往需要从历史和社会角度来解释教师职业的专业性质。在“专业化发展”

中，“发展”体现为整个教师群体职业走向专业化的过程。二是从教师个体的意义上理解，主要强调教师个体的专业发展，这里侧重于教师的个体成长，从成长的过程、阶段、条件和结果的角度把握教师的专业化发展。

新师范教育重视教师专业化发展，将教师视为一个群体，着眼于教师队伍整体的提升。其对教师专业化发展的内容包括理论知识与实践知识、专业技能、专业情意。理论知识主要包括学科内容、课程、教育方法、教学法、心理学，以及一般文化知识。实践知识不仅包括情境知识、策略知识、案例知识、学习者知识、自我的知识、隐喻，还包括教师对理论知识的理解和运用原则。教师的专业技能是教师专业能力中的核心内容，主要包括组织能力、语言表达能力、教育研究能力等。专业情意是教师专业化发展的关键，它既是教师专业化发展的目标，又是教师专业化发挥的动力，主要包括专业理想、专业情操、专业倾向和专业自我。

教师专业化发展同样是世界各国教师教育改革的趋势，需要认识到各个阶段的教育都是相互关联的，应当注重各个阶段的教师培养，发挥教师的智能，促进每个阶段的学生掌握全面的知识和获得相应的能力。

教师专业化发展并非静止不变，而是不断发展着的，并且教师专业化发展贯穿于职前、入职和职后的全过程，师范教育只是促进教师专业化发展的一个重要环节。

第二章

卓越教师与卓越教师培养计划

教育作为社会进步的基石，正经历着深刻的变革，从应试教育向素质教育的转变，从知识的传授向能力的培养和价值观的塑造延伸，教育的目标、内容和方式都在发生着革命性的变化。在这一变革中，卓越教师以其独特的教育理念和教学方法成为引领学生成长、推动教育进步的重要力量。他们不仅具备深厚的专业知识和精湛的教学技艺，更拥有高尚的道德情操和坚定的教育信念，成为学生成长道路上的重要指引者。本章在分析卓越教师内涵和特质的基础上，探讨卓越教师的成长路径及培养策略。

第一节　卓越教师及卓越教师培养计划

在全球教育改革的浪潮中，卓越教师的培养已成为各国教育政策制定者、教育实践者及教育研究者共同关注的焦点。卓越教师不仅是教育的中坚力量，更是推动教育创新、提升教育质量的关键因素。他们以深厚的教育情怀、精湛的教学技艺、持续的学习动力，以及对教育事业的无限热爱，成为学生成长道路上的灯塔，引领着教育未来的方向。

一、我国“卓越教师”产生的背景

“卓越教师”计划的提出与实施是我国教育事业发展历程中的重要里程碑，旨在通过一系列改革措施，培养出一批具有高尚师德师风、坚定教育信念、丰富知识结构、先进教育思想、娴熟教学技能，以及敏锐实践与反思能力的优秀教师。这一计划的产生背景涉及多个方面，包括教育政策的推动、教育改革的需要、社会发展的需求，以及国际竞争的压力等。

（一）教育政策的推动

近年来，随着全球化和信息化的快速发展，社会对人才的需求发生了深刻变化。教育作为人才培养的摇篮，其质量和效率直接关系到国家的未来和民族的兴衰。因此，我国政府高度重视教育事业的发展，出台了一系列旨在提升教育质量、培养高素质人才的政策文件。这些政策文件不仅体现了国家对教育事业的重视，还为“卓越教师”计划的提出奠定了坚实的理论基础。

1.《关于实施卓越教师培养计划 2.0 的意见》

2018 年，教育部印发了《关于实施卓越教师培养计划 2.0 的意见》，这标志着我国正式启动“卓越教师培养计划 2.0”。该计划是 2014 年提出的“卓越教师培养计划”的加强版，旨在通过深化教师教育改革，建设一流师范院校和一流师范专业，分类推进教师培养模式改革。到 2035 年，师范生的综合素质、专业化水平和创新能力将有显著提升，为培养造就数以百万计的骨干教师、数以十万计的卓越教师、数以万计的教育家型教师打下坚实基础。

2.《全面深化新时代教师队伍建设改革的意见》

2018 年，中共中央、国务院发布了《全面深化新时代教师队伍建设改革的意见》，提出大力振兴教师教育，不断提升教师专业素质能力。这一意见强调了教师在教育事业中的核心地位，要求各级政府和有关部门高度重视教师队伍建设，加强教师教育的改革与发展。

3.《教师教育振兴行动计划（2018—2022 年）》

2018 年，教育部等五部门印发了《教师教育振兴行动计划（2018—2022 年）》，明确提出要深入实施“卓越教师培养计划”，建设一流师范院校和一流师范专业，分类推进教师培养模式改革。这一行动计划进一步细化了培养“卓越教师”的具体目标和实施路径，为各地各校提供了详细的操作指南。

4.《关于加强新时代中小学科学教育工作的意见》

2023 年 5 月，教育部等十八部门联合印发了《关于加强新时代中小学科学教育工作的意见》，强调要加强科学类教师的培养，提高科学教育的质量和水平。该意见指出，要鼓励高校和科研院所主动对接中小学，提高学生科学素质，培育具备科学家潜质、愿意献身科学研究事业的青少年群体。这为“卓越教师”计划中科学类教师的培养提供了重要的政策依据。

5.《关于实施国家优秀中小学教师培养计划的意见》

2023 年 7 月，教育部印发了《关于实施国家优秀中小学教师培养计划的意见》（简称“国优计划”），旨在发挥高水平大学的优势，重点开展科学类教师培养，造就未来科学家，推动中国特色教师教育体系不断健全与优化。这一计划进一步强调了“卓越教师”培养的重要性，并提出了更加具体的实施措施。

（二）教育改革的需要

随着我国教育事业的不断发展，传统的教师教育模式已经难以满足新时代对教师的需求。因此，进行教育改革，培养具有创新精神和实践能力的“卓越教师”成为当前我国教育事业发展的重要任务。

1. 教师培养模式的改革

传统的教师培养模式往往注重理论知识的传授，而忽视了实践能力的培养。这导致许多师范生在毕业后难以适应实际教学工作的需要。因此，“卓越

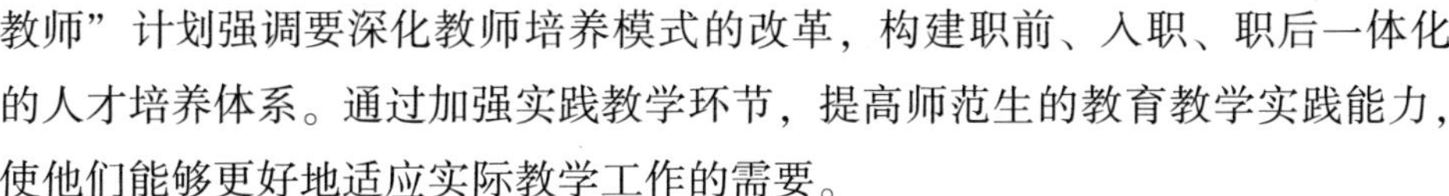

教师”计划强调要深化教师培养模式的改革，构建职前、入职、职后一体化的人才培养体系。通过加强实践教学环节，提高师范生的教育教学实践能力，使他们能够更好地适应实际教学工作的需要。

2. 课程内容的更新

随着时代的发展和社会的进步，基础教育课程改革不断深化。然而，一些师范院校的课程内容仍然相对陈旧，无法满足新时代教师的需求。因此，“卓越教师”计划要求师范院校根据基础教育课程改革的要求，更新课程内容，强化师范生的专业素养，培养师范生的创新能力。

3. 教学方法的创新

传统的教学方法往往注重知识的灌输和记忆，忽视了学生主体性的发挥和创新能力的培养。这导致许多师范生在毕业后难以适应新时代的教学需求。因此，“卓越教师”计划强调要推进以“自主、合作、探究”为主要特征的研究型教学改革，着力提升师范生的学习能力、实践能力和创新能力。通过利用信息技术变革教师教学方式和师范生学习方式来提升师范生的信息素养及利用信息技术促进教学的能力。

（三）社会发展的需求

社会的发展对教育提出了更高的要求，需要培养更多具有创新精神和实践能力的高素质人才。“卓越教师”正是适应这一需求而产生的。

1. 人才培养的需求

随着社会的不断进步和科技的飞速发展，各行各业对人才的需求也在不断变化。传统的教育模式已经难以满足新时代对人才的需求。因此，需要培养更多具有创新精神和实践能力的高素质人才来推动社会的进步和发展。而“卓越教师”正是培养这些高素质人才的重要力量之一。

2. 教育公平的需求

教育公平是社会公平的重要基础。然而，由于我国地域辽阔、经济发展不平衡等因素的影响，教育资源的分配也存在着一定的不均衡现象，因此需要培养更多优秀的教师来推动教育公平的实现。通过实施“卓越教师”计划，高校可以培养出一批具有高尚师德师风、坚定教育信念的优秀教师，他们能够更好地履行教育职责，为教育公平的实现贡献力量。

3. 教育国际化的需求

随着全球化的不断深入和国际竞争的日益激烈，教育国际化已经成为我国教育事业发展的重要趋势之一。而“卓越教师”的培养正是适应这一趋势的重要举措之一。通过加强与国际高水平院校的交流与合作，构建师范生国际化培养平台，共享优质教师教育资源，推动我国教师教育的国际化进程，提高我国教师的国际竞争力。

（四）国际竞争的压力

在全球化的背景下，国际竞争日益激烈。各国都在积极加强教育事业的发展，培养高素质的人才来推动国家的进步和发展。而我国在教育事业上虽然取得了显著的成就，但仍然面临着来自国际竞争的压力。

1. 国际教师教育的趋势

近年来，国际教师教育呈现出一些新的趋势和特点。例如，注重教师的专业发展和终身学习、强调教师的实践能力和创新精神、加强教师教育的国际合作与交流等。这些趋势为我国“卓越教师”的培养提供了有益的借鉴和启示。通过借鉴国际教师教育的先进经验和实践成果，能够推动我国教师教育的改革与发展，提高我国教师的国际竞争力。

2. 国际人才竞争的压力

随着全球化的不断深入和科技的飞速发展，国际人才竞争日益激烈。各国都在积极加强人才的培养和引进工作，以推动国家的进步和发展。而我国在人才培养方面虽然取得了显著的成就，但仍然面临着来自国际人才竞争的压力。因此，需要培养更多具有创新精神和实践能力的高素质人才来应对国际人才竞争的压力。而“卓越教师”正是培养这些高素质人才的重要力量之一。

3. 国际教育的合作与交流

国际教育的合作与交流是推动我国教育事业发展的重要途径之一。通过加强与国际高水平院校的交流合作，能够共享优质教育资源、借鉴先进经验、推动教育创新与发展。而“卓越教师”的培养正是适应这一需求的重要举措之一。通过加强与国际高水平院校的交流与合作，能够培养出一批具有国际视野和跨文化交流能力的优秀教师，他们能够更好地适应国际教育的需求，推动我国教育事业的国际化进程。

二、卓越教师培养计划

为进一步提高教师质量，教育部于 2014 年 8 月颁布了《教育部关于实施卓越教师培养计划的意见》，提出了许多针对性措施。随着新形势的变化，2018 年，教育部又印发了《关于实施卓越教师培养计划 2.0 的意见》，该意见中明确要求加快形成高水平师范人才培养体系。

（一）实施卓越教师培养计划的现实意义

只有高质量的教师教育才能造就高水平的教师队伍，教师教育是教育事业的工作母机，卓越教师培养计划正是助力教师教育发展、解决教师教育问题的举措。通过培养一批卓越教师，能够解决新的问题，推动教师教育向前发展，同时提升教师队伍的整体水平。

卓越教师培养计划是对新时代教师培养提出的新要求，要实现教育强国就需要加强教师培养。党的十九大报告中将培养高素质教师队伍作为建设教育强国的重要举措，习近平也在全国教育大会上对教师队伍建设提出了时代新要求。2018 年，中共中央、国务院关于《全面深化新时代教师队伍建设改革的意见》中提出，大力振兴教师教育，不断提升教师专业素质能力。紧接着，教育部等五部门联合印发了《教师教育振兴行动计划（2018—2022 年）》，文件提出要实施“卓越教师培养计划”，建设一流的师范院校和一流的师范专业，分类推进教师培养模式改革。

新时代，教师教育发展踏上了新征程，有了新的发展方向。卓越教师培养计划的出台是全面提升教师教育质量、示范引领高素质教师培养的重要举措，可以为国家培养一批批高素质专业化的创新型教师。

（二）卓越教师培养计划的核心内容

卓越教师培养计划的核心内容概括为以下几个方面。

1. 培养模式方面，分类推进教师培养模式改革

通过分析基础教育、职业教育改革发展的新形势，根据中小学、幼儿园、中职学校，以及特殊教育教师培养的不同特点，卓越教师培养计划开展分类推进教师培养模式改革。针对中学教育改革发展对高素质教师的需求，重点探索本科和教育硕士研究生阶段整体设计、分段考核、连续培养的一体化模

式，培养一批信念坚定、基础扎实、能力突出，能够适应和引领中学教育教学改革的卓越中学教师。

针对小学教育的实际需求，重点探索小学全科教师培养模式，培养一批热爱小学教育事业、知识广博、能力全面，能够胜任小学多学科教育教学需要的卓越小学教师。

适应学前教育改革发展要求，构建厚基础、强能力、重融合的培养体系，培养一批热爱学前教育事业、综合素质全面、保教能力突出的卓越幼儿园教师。

面向现代职业教育发展需要，建立健全高校与行业企业、中等职业学校的协同培养机制，探索高层次"双师型"教师培养模式，培养一批素质全面、基础扎实、技能娴熟，能够胜任理论和实践一体化教学的卓越中等职业学校教师。

适应新时期特殊教育事业发展需要，重点探索师范院校与医学院校联合培养机制、特殊教育知识技能与学科教育教学融合培养机制，坚持理论与实践结合，促进学科交叉，培养一批富有爱心、素质优良、具有复合型知识技能的卓越特殊教育教师。

2. 培养机制等方面的推进

国家在培养机制、扎实就业、教育教学改革、师资队伍，以及组织保障方面，提出了各项推进措施，其中包括：

（1）建立高校与地方政府、中小学"三位一体"系统培养新机制。明确全方位协同内容，建立合作共赢长效机制。

（2）强化招生就业环节。主要包括推进多元化招生选拔改革，开展生动有效的就业教育。

（3）推动教育教学改革创新。包括建立模块化的教师教育课程体系，突出实践导向的教师教育课程内容改革，推动以师范生为中心的教学方法变革，开展规范化的实践教学，探索建立社会评价机制。

（4）整合优化教师教育师资队伍。包括建立教师教育师资队伍共同体，形成教师教育师资队伍共同体持续发展的有效机制。

（5）加强卓越教师培养计划的组织保障。包括成立组织管理机构和政策保障上的加强。

3. 加快构建高水平师范人才培养体系

2018 年 9 月，教育部颁布《关于实施卓越教师培养计划 2.0 的意见》。设定的目标是，经过五年左右的努力，办好一批高水平、有特色的教师教育院校和师范专业，师德教育的针对性和实效性显著增强，课程体系和教学内容显著更新，以师范生为中心的教育教学新形态基本形成，实践教学质量显著提高，协同培养机制基本健全，教师教育师资队伍明显优化，教师教育质量文化基本建立。到 2035 年，师范生的综合素质、专业化水平和创新能力显著提升，为培养造就数以百万计的骨干教师、数以十万计的卓越教师、数以万计的教育家型教师奠定坚实基础。

《关于实施卓越教师培养计划 2.0 的意见》的改革任务和重要举措概括为：

（1）全面开展师德养成教育。

（2）分类推进培养模式改革。

（3）深化信息技术助推教育教学改革。

（4）着力提高实践教学质量。

（5）完善全方位协同培养机制。

（6）建强优化教师教育师资队伍。

（7）深化教师教育国际交流与合作。

（8）构建追求卓越的质量保障体系。

（三）卓越教师培养计划的影响

首先，卓越教师培养计划推动了以师范生为中心的教师教育改革。各地区积极落实卓越教师培养计划的政策，明确教师培养的目标及重点，推进高校、政府、中小学“三位一体”系统培养师范生的新机制，使得以师范生为中心的教师教育改革取得了重要进展。

其次，卓越教师培养计划促进了卓越教师培养计划改革项目的落地。

例如，2014 年，教育部确定了华东师范大学“德业双修的卓越中学教师开放式养成计划”等 80 个卓越教师培养计划改革项目。

又如，在 2018 年，教育部办公厅印发了《关于开展人工智能助推教师队伍建设行动试点工作的通知》，在宁夏基础教育领域开展人工智能试点，在北京外国语大学开展高等教育领域的语音识别和自然语言处理人工智能技术，探索人工智能助推教育管理优化，助推教师教育改革，助推教育教学创新，助推教育精准扶贫。

再如，2019 年，教育部发布了《关于实施全国中小学教师信息技术应用能力提升工程 2.0 的意见》，该文件突出以学校信息化教育教学改革发展引领教师信息技术应用能力培训，抓住“关键人群”，提出 9 项主要措施和四大任务，总体目标为到 2022 年构建以校为本、基于课堂、应用驱动、注重创新、精准测评的教师信息素养发展新机制，通过示范项目带动各地开展教师信息技术应用能力培训，基本实现校长信息化领导力、教师信息化教学能力、培训团队信息化指导能力显著提升，全面促进信息技术与教育教学融合创新的发展。

另外，在提升层次上，2020 年，国家推动 64 所师范院校完善 U-G-S（高校—政府—中小学）协同育人机制。

第二节　卓越教师培养的相关理论

卓越教师培养属于一个系统性的工程，这一工程体系庞大，面向的是全体师范生和所有教师，因此卓越教师培养一定有丰厚的理论作为指导。关于卓越教师培养的理论，这里主要阐述三个：教师专业发展周期理论、基于需求体系的激励理论、基于过程体系的激励理论。

一、教师专业发展周期理论

从 20 世纪 80 年代开始，教师发展理论的研究进入了飞速发展的时期，相关的职业周期理论相继出现，比较有代表性的有费斯勒的教师生涯循环论和休伯曼的教师职业生涯周期理论。

（一）费斯勒的教师生涯循环论

美国著名的学者费斯勒在 1985 年推出了动态的教师生涯循环理论，他通过记录教师的日常教学，并走访了 160 位教师后得出了该理论。该理论从整体上探讨了教师生涯的发展历程，具有积极的意义。该理论认为，教师职业发展并不是纯粹生命周期的重复，而是作为发展中的人的教师与个人环境和组织环境相互作用的结果。因此，教师既受寿命周期的制约，又受环境周期的制约。

费斯勒认为，个人环境涉及生活阶段、家庭、积极的临界事件、危机、个性特征、业余爱好等，组织环境包括工会、规章制度、管理方式、公众信任、社会期望和专业组织等。

基于这些内容，费斯勒提出了职业周期是一种动态的、发展的、灵活的、非线性的发展模式。

费斯勒将教师的职业周期分为 8 个阶段：

1. 第一阶段：职前教育阶段

这一阶段是教师角色的准备期，也称为教师的培养期，主要包括教师接受新角色或工作时的继续培训期。

2. 第二阶段：入门阶段

该阶段是教师从业后的头几年，这些新教师努力适应日常的教学及教研工作，希望得到领导、同事和学生的认可。

3. 第三阶段：能力建立阶段

该阶段的教师已经熟悉了教学流程，正试图寻求新的资料、方法和策略，试图建立一套属于自己的教学体系。这一阶段的教师求知欲强烈，能够及时更新观念。

4. 第四阶段：热心和成长阶段

教师在这一阶段已经具备了较高的教学能力。能积极热情，不断创新与改进教学，拥有较高的职业满意度。这一阶段的典型特征是热心成长和工作满意度高。

5. 第五阶段：生涯受挫阶段

这一阶段出现在教师职业生涯的中期。表现为教师在工作中遭遇挫折，对工作的满意度下降，有的甚至开始怀疑自己的职业选择是否正确。其他如"职业倦怠期"的说法也属于这一阶段的特征。

6. 第六阶段：稳定和停滞阶段

该阶段的教师积极性变得很低，有的甚至怀着"当一天和尚，撞一天钟"的心态，只做分内的事，不再追求职业发展和专业成长。这一阶段的特征是缺乏进取心。

7. 第七阶段：生涯泄劲阶段

这一时期仍然处于职业低迷期，部分教师甚至准备离开教师岗位。

8. 第八阶段：生涯退出阶段

这一阶段，教师已经离开了岗位，对于退休的教师来说，他们结束了教师生涯，开始进入退休的生活状态。有的教师则转向从事其他的工作，或者重新开始另一种教师生涯。

费斯勒的教师生涯循环论为教师发展提供了一个相对完整的纵贯教师生涯的理论框架，具有重要的理论价值。

（二）休伯曼的教师职业生涯周期理论

休伯曼对教师职业生涯周期进行了更加细致和具体的研究，形成了教师职业生涯周期理论。休伯曼不仅划分和研究了教师职业发展的阶段性周期，还探索了每个阶段的主题，并根据教师对发展主题认识和理解的不同，得出不同的发展路线。休伯曼在一定程度上反映了教师的实际发展路线。

休伯曼的教师职业生涯周期理论将教师职业生涯过程归纳为五个时期：

1. 第一时期：入职期

这一时期是指进入教师职业的第 1—3 年，通常被称为“求生和发现期”。在此阶段，“求生”与“现实的冲击”相关，表现为课堂环境的复杂、不稳定以及自身的失误，使得教师对自己能否胜任教学产生怀疑。在这一时期，教师对自己的班级和学生表现出热情和积极的一面。

2. 第二时期：稳定期

这一时期大约在成为教师的第 4—6 年，教师在此阶段初步掌握了教学方法，关注的焦点从自身转向教学活动。通过不断改进自我教学能力，教师逐渐形成自己的教学风格。这一时期的教师表现出幽默、风趣和自信的一面。

3. 第三时期：实验和重估期

这一阶段的时间是指成为教师的第 7—25 年，时间跨度较大。随着教育知识和经验的积累，教师逐渐成熟。同时，他们开始对现状感到不满，并开始审视自己的职业。他们尝试打破一些弊端，积极对不合理的现象进行反抗。但也有部分教师在单调、乏味的教学中逐渐开始怀疑自己。

4. 第四时期：平静和保守期

这一时期的时间限定在从教的第 26—33 年左右。在此阶段，教师已经发展为资深教师，拥有丰富的教育经验和技巧，并依靠这些优势发展特色教学。同时，这一阶段的教师失去了专业发展的热情，对专业的投入度降低，表现为保守的行为。

5. 第五时期：退休期

这一时期的时间限定在从教后的第 34—40 年。这一阶段，教师的职业生涯逐步走向终结。

休伯曼的职业生涯周期理论揭示了不同教龄的教师只要心理发展水平接近，他们仍然有机会达到相同的专业发展水平，且这一理论较为符合教师专业发展的实际情况。

二、基于需求体系和过程体系的激励理论

激励理论是现代管理领域的重要理论依据，也是卓越教师培养的重要理

论依据。所谓激励，就是通过一定的手段满足员工的实际需求和愿望，这不仅可以有效提升工作积极性，还能激发内在潜能，从而更好地达成目标和任务。在新师范教育中，激励理论可用于培养卓越教师，提高管理水平，促进师范教育培养出更多卓越教师。当前的职称评审、绩效分配、岗位考核及聘任制度都属于激励机制的范畴。

本节重点介绍两大激励理论：基于需求体系的激励理论和基于过程体系的激励理论。

（一）基于需求体系的激励理论

基于需求体系的激励理论是从需求出发的，而需求是从人类自身内在出发的，是激励的起点。如何激发内在需求及如何将需求转化为内在动力是基于需求体系的激励理论探索的重点。这里的激励理论以马斯洛的需求理论为理论基础。

1. 马斯洛需求层次理论

著名的心理学家亚伯拉罕·马斯洛认为，要认识工作中的激励就需要从激励人类的一般因素入手。在马斯洛看来，人类的激励来自内在需求，也就是说，人们更倾向于为尚未满足的需求而努力，已经得到满足的需求将不再产生动力，即不再产生激励。因此，马斯洛根据这一观点，在 1943 年提出了著名的需求层次理论，其需求划分为五大层次，从低到高依次为：

（1）生理需求。基本的生存需求，如日常的衣食住行等。这些是人类最基本的需求，也是需要优先满足的需求。马斯洛认为，人首先要保障生存，只有生存得到保障后，各个层次的其他需求才有实现的可能。

（2）安全需求。工作或者家庭中的安全感。安全需求包括人身安全、财产所有权、健康保障、家庭安全等。

（3）社交需求。被爱、被接受和群体归属感等。它是指渴望得到父母、朋友、同事，以及上级的关怀和信任等需求。

（4）尊重需求。获得认可与肯定的需求，对地位或重要性的需求和自尊。马斯洛认为，人类都希望拥有稳定的地位，能得到他人的尊重、认可和肯定。

（5）自我实现需求。充分发挥个人潜能。自我实现是一种促进自身潜能实现的趋势，换句话说，自我实现需求从本质上说是追求更高目标的需求。

马斯洛认为，当人类的一种需求得到满足时，更高层次的需求就会出现，并激励人们去满足它。已经被满足的需求将不再是激励因素。例如，刚吃完一顿饭，饱腹感让饥饿消失，至少在接下来的几个小时内，注意力不会集中在食物上，而会集中在周围的环境或家庭上，也就是比生理需求高的安全需求或者社交需求成为关注的对象。但需要注意的是，高层次的需求是需要低层次需求的支持的。

2. 奥德费的 EGR 理论

美国心理学家奥德费在马斯洛需求层次理论的基础上提出了 EGR 理论，其中“E”代表“existence（生存）”“G”代表“growth（成长）”“R”“relateness（相互关系）”，EGR 理论是关于生存、成长和相互关系的理论。从低到高依次为生存需求、相互关系需求、成长需求。

生存需求是最基本的需求，通常指生理需求、物质需求、对工作环境和工作条件的最基本需求等，包括衣、食、住、行，也包括工作条件、工资、津贴等。这一需求与马斯洛的需求层次理论中的生理需求、安全需求有部分重叠。

相互关系需求是指个体在组织中通过与他人建立交流而产生的情感、关怀等，也包括与周围人所建立的和谐的人际关系。这一需求与马斯洛需求层次理论中的安全需求、社交需求、尊重需求等部分重叠。

成长需求是人类的内在需求，是内在欲望需要得到提高和发展，是个人努力创造的，或者个人在工作中成长所需的所有需求，其中包括个人的创造、发展、努力、成长等。这一部分与马斯洛需求层次理论中的部分尊重需求、自我实现需求相对应。

需要指出的是，EGR 理论带有个体差异性，认为多种需求可以同时起作用，可以说 EGR 理论更贴合现实，也更容易被接受。

3. 成就激励理论

20 世纪 50 年代，著名的学者戴维·麦克利兰提出了成就激励理论，该理论重点研究高层次管理中的被管理者，研究的对象多是高级人才，如企业的经理、政府部门的管理人员、医生、科学家、大学教授、工程师等。研究这些高级人才在生存条件和物质条件得到相对满足后，他们所希望达到的事业高度。因此，成就激励理论必须从成就的需求方面给予激励。

成就激励理论主要分为三种需求：

（1）对权力的需求。权力欲望强烈的人常常渴望得到更多的权力，因此这类人喜欢对他人施加压力或者控制他人。这类人希望成为领导者，他们也具备一定的管理能力。通常，他们能言善辩、逻辑清晰、沉着冷静，还擅长提出问题和要求。

（2）对归属或社交的需求。高级人才多是具有归属与社交需求的人。他们喜欢保持一种融洽的人际关系，试图从友情、爱情、人际关系中获得快乐和满足，并随时准备帮助处于危难中的伙伴。

（3）对成就的需求。高级人才喜欢接受挑战，他们往往给自己定下一个又一个的目标，这些目标是经过努力才能实现的，并非高不可攀的。他们敢于冒险，善于应对危机和处理问题。这类人通常精力充沛，能高强度、长时间投入到工作中，在工作中能独当一面。

需要强调的是因个体差异，不同的人对上述三种需求的需要程度不同。例如，一个成功的经理会将关注点放在成就上，并且对权力的需求非常强烈，但对归属或社交的需求相对权力和成就而言较少。此外，高成就需求的人通常具备以下特点：事业心强、讲究实际、敢于担风险，这类人通常把个人成就看得比金钱还重要，从成就中得到的鼓励要大于物质带来的鼓励。最后，这些高级人才对企业、组织、单位和国家都非常重要。如果一个组织拥有的高级人才越多，其发展和成长的速度就越快，取得的成就也越大。

（二）基于过程体系的激励理论

与基于需求体系的激励理论不同，基于过程体系的激励理论强调过程，研究的重点是需求专注动机的过程。基于过程体系的激励理论包括期望理论、公平理论和目标设置理论。

1. 期望理论

1964年，美国著名的心理学家维克托·弗鲁姆在研究马斯洛的需求层次理论和赫茨伯格的双因素理论的基础上提出了著名的期望理论。他认为，期望是一种心理活动，是一个人根据已有的经验和能力在某一时期内希望达到某种目标，或者是满足某种需要的愿望所形成的期望心理。心理本身就是一种激励力量，它往往以一个人的能力和已有的经验为依据。

期望心理形成后会显示出以下特征。首先，它会表现为一定的期望值，也就是个人对所期望的目标的主观预估，预估其成功或者实现的概率有多大。其次，它会表现为一定的行动能力。如果期望心理很强，往往行为程度强烈，如果期望心理较弱，则行为程度也较弱。当然，期望心理会随着时间或者条件的变化而变化，并非一成不变的。

弗鲁姆认为，人的积极性通常与目标的价值密切相关，也与目标实现的可能性密切相关。一个人行为动力受很多因素的影响，例如，努力能让人获得较高的绩效，较高的绩效对应丰厚的报酬。得到的报酬能够满足某些重要需求，对报酬的满足程度足以让人有动力去行动。

此外，弗鲁姆还提出了期望理论的公式：

$$M=f\ (E\cdot V)$$

其中，M 表示激励水平，也是个体受激励程度的高低，表明受激励者行为动机的强度、为目标努力的程度。

f 包括 E 和 V 两方面的因素，E 表示期望概率，指的是受激励者估计目标实现的可能性，以及实现的程度，通常是一种主观的估计，受经验、个性、动机等的影响。V 表示效价，指的是受激励者对目标价值的评价，其中包括目标对受激励者的吸引程度和目标对奖励者的满意程度。

根据该公式可以得到，如果 E 值高，效价 V 值也高，也就是目标实现的可能性较大，受激励者对目标价值的估价高，那么个体受激励的强度就大，激励水平 M 值也会高。具体表现为，受激励者表现出较强的行为动机，并选择相应的行动方式，以极高的热情去实现目标。反之，如果 E 和 V 只要有一项低，M 值就会变低，从而导致个体不选择某种行为，即使选择了某种行为，积极性也不高，行为动机不强。

期望理论还提出了能力、关联性等变量。能力是指行为个体通过行为提升绩效的能力；关联性则指绩效与报酬之间的联系，其系数在正负之间变化。如果个体的行为能力强，并通过努力提升了工作绩效，进而使报酬提高，那么工作绩效与报酬之间的关联系数为正。反之，如果个体的工作绩效高，但报酬没有提高，反而受到批评，那么，工作绩效与报酬的关联系数为负。

2. 公平理论

1963 年，心理学家亚当斯提出了著名的公平理论，也叫社会比较理论。该理论认为，员工通常习惯将自己的付出与回报同他人比较，比较的结果将直接影响他们日后工作的努力程度，由此产生的不公平感也会影响他们日后工作付出的程度。公平理论主要讨论薪酬的公平性对人们工作积极性的影响。员工将通过横向和纵向两个方面的比较来判断所获得的薪酬的公平性。

公平理论的理论基础是费斯汀格的认知失调理论、霍曼斯等学者的社会交换理论。公平理论认为，组织中的员工不仅关心自己劳动所得的绝对薪酬，还关心自己薪酬与他人薪酬之间的关系。他们通过对比自己与他人的付出与所得做出判断，如果比较发现自己与他人存在严重不平衡，则会紧张，并产生一种驱使自己追求公平和平等的动机。公平理论在新生代员工管理中的运用启示重大，它进一步说明了工作任务和组织的管理制度会对公平性产生影响。当员工提出涨工资的愿望时，说明组织对员工有一定的吸引力，但如果员工出现大面积的离职，则说明员工产生了强烈的不公平感，此时管理人员需要格外注意，应当积极调整策略，避免更多的人员流失。

亚当斯通过大量的调查得出了亚当斯比较公式。员工的工作动机既受所得报酬的绝对值影响，又受其报酬的相对值影响。换言之，员工不仅关心自己收入的绝对值，还关心自己收入的相对值。这里的相对值指的是个人对某个工作的付出与所得与他人对这个工作的付出与所得的比较，或者把自己当前的付出与所得与过去进行比较。通过比较，就可以得出公平或者不公平。

$$\frac{O_P}{I_P}=\frac{O_r}{I_r}\cdots\cdots\text{公平（公平感）}$$

$$\frac{O_P}{I_P}<\frac{O_r}{I_r}\cdots\cdots\text{不公平（吃亏感）}$$

$$\frac{O_P}{I_P}>\frac{O_r}{I_r}\cdots\cdots\text{不公平（负疚感）}$$

在这个比较公式中，I 代表投入，指的是个人对自己或他人的知识、能力、经验、资质、努力、过去成绩和当前贡献的主观估计，也就是参与者认为自己所做出的这些贡献是值得的，应该获得回报。

O 代表结果，是指投入后所得到的奖励，具体说就是地位、工资、福利、待遇、奖金、表扬、晋升、进修等。

下标的 P 代表当事者，r 代表参照者，也就是所比较的对象。

参与者在考虑自己的投入量时，将所有投入因素分别乘以相应的重要性加权，之后再相加。其公式表示为：

$$I=\sum_{k=1}^{n} W_k I_k$$

在这个公式里，I_k是各投入因素的量，W_k是相应的重要性加权系数。

亚当斯公平理论的核心在于将所有的社会交往视为一种广泛的交换过程。企业中的员工通过贡献自己的劳力和技能，获得企业支付的工资和报酬。员工会不自觉地将这些奖金与自己的贡献进行比较，以直接判断交换是否合理公平。通常，员工还会找一个和自己有交换关系的第三者进行比较，比如同一企业的另一位员工，与这个员工进行间接比较。

人们在比较时通常会选择其他人作为参照者，也可以是一个参照群体进行比较。这些都属于横向的人际交往。当事人 P 与参照者 r 进行比较，如果当事人觉得投入与所得的比例与参与者的投入与产生的比例相等，便认为是公平的，从而努力工作。当事人 P 感到自己的收入付出小于参与者时，就会产生吃亏感。此时，当事人会采取一些方式来应对，比如改变对策，调整自己的收入和付出比例，具体的包括减少工作投入、降低工作质量或者要求增加收益，以此来达到平衡；比如，重新评估自己的贡献，通过认识的歪曲或者改变自己的投入和收益因素，以此来实现心理平衡；比如改变参照对象，如果与上相比不足，就与下相比，以此获得认识上的平衡；再比如，把多得者归为运气好，以此来缓解不愉快。

亚当斯公式充分说明，一个人获得奖酬的绝对值与他的积极性的高低并没有直接的必然的联系，真正影响一个人积极性的是该人所获得的奖酬相对值。也就是说，一个人的工作热情高低，并不是只受他想要得到的影响，还往往受到别人所得的影响。一旦产生不公平感，奖酬对激励的作用不大。

3. 目标设置理论

1967 年，美国著名教授洛克提出了目标设置理论，也称目标理论。洛克经过大量的实验研究及现场调查后发现：奖励、监督和工作反馈等外在的刺激通常通过目标来影响动机。有了明确的目标就可以告诉员工做什么、怎么做，以及如何达成目标。因此，无论采取哪种激励手段，都离不开目标设置。而且许多激励因素本身就作为目标出现，所以最根本的激励在于目标的设定，尽可能设置合适的目标。

目标设置理论是目前较新的激励理论成果，其主要内容包括：

(1) 目标本身具有激励作用。首先，目标将人的需求转化为直接动机，指引人们行动，朝着既定的目标努力。在此过程中，个体还会将自己的行为结果与目标进行对比，及时调整行动，最终实现目标。其次，目标还能使人们根据实现的难度来调整努力的程度和时间。

（2）目标需要明确。也就是说，目标的设定应当精确、清晰、可观察和可测量，具体表现为工作任务的内容、期限及达成结果等方面都是确定的和清晰的。如果目标模糊、不明确，可能不会激发员工的工作积极性。在实际的工作中，努力工作和好好表现等口号远不如要求员工本月需要完成的工作量或完成多少销售额度来得有效。

（3）目标要有一定难度。目标的实现有难有易，且目标难度因人而异。某些员工认为容易的目标，可能在其他员工身上表现出困难。洛克认为，有一定难度但经过努力可以实现的目标是最有效的激励。事实上，有挑战性的目标比轻易达成的目标更能激起员工的积极性，更能达到较高的绩效水平。

（4）目标要易于接受。如果目标被大多数员工所接受，则证明制定的目标较为合理。员工通常根据组织总目标，再制定个人目标，以此来激发员工积极性，促使他们努力实现自己的小目标。因此，能被员工接受的目标，会让员工表现得更积极。

（5）及时的绩效反馈。员工在完成目标的过程中能够得到及时的肯定，或在遇到挫折时得到及时的帮助。目标理论强调及时反馈，需要及时评价员工的工作成果，让员工更清晰地认识目标，从而根据自身情况把握进度，在一定程度上强化了员工的行为，从而顺利完成目标，少走弯路。

第三节　卓越教师的能力结构与核心特质

要成为卓越教师，就需要实现能力的系统性和全面性提升。这不仅包括基本能力，还包括专业能力，涉及职业理念、职业素养方面的提升以及有心理素质的强化。

一、能力结构

卓越教师需要具备基本能力，这是作为教师应当具备的能力。它包括信息能力、逻辑思维能力、阅读能力、写作能力等。

1. 基本能力

（1）教师的信息能力。

①工具书检索信息能力。卓越教师需要具备检索工具书的能力，即具备检索工具书和参考工具书的能力。一般工具书的检索流程为：根据需要确定检索范围→利用对口工具书→检索所需资料→摘录和复制资料→整理资料。

②网络信息检索与交流能力。21 世纪是信息飞速发展的时代，人们对信息的收集和处理有了更高的要求，卓越教师需要具备一定的网络信息检索与交流能力，这样可以帮助教师迅速收集所需要的信息。常用的网络信息检索方法有三种，即直接搜索网页、使用搜索引擎和查询信息数据库。

卓越教师同样需要具备一定的网络信息交流能力，这种交流区别于面对面的信息交流，呈现出非正式、主动的、无时空界限的特点。通常的交流方法有局域网交流、电子邮件、即时通信、博客、微信、微博等。

③信息筛选、分类、管理和应用能力。卓越教师应当具备一定的信息筛选、分类、管理和应用能力。信息筛选就是判断信息内容是否真实，来源是否可靠，传输方式是否规范等。同时，信息筛选包括对信息价值大小的评估。

信息分类步骤分为辨别信息和信息归类两步，信息归类之后，常使用分析方法进行分类，常见的方法有归纳法和演绎法、比较法和分类法、定量分析和定性分析、分析法和综合法、系统分析法。

信息的管理和应用是对信息内容的再加工，是信息转化为具体实践的过程，其实质是对有价值的内容进行保存，去掉无用的内容，以最简练、最精确的形式展现出来。

④运用教育测量进行数据分析与处理。教育测量指的是运用测量手段对教育活动进行量的测定，教育测量的范围较广，凡是需要测量且与能够测量德育教育有关的活动都可以纳入其中，比如教育投入、教育效果、教育过程的各个要素等。这是教育测量的广义定义。其狭义定义指的是按一定规则对学生的个性、品德、智能、知识等方面开展的量的测定。这里主要从狭义教育测量来阐述。

教育测量中比较重要的一项是教育评价。所谓教育评价，指的是运用科学的方法，按照一定的标准对教育活动开展的价值判断的过程。教育评价包括教学过程和教学效果的评价，其对象包括学校、课堂教学、教师教学、教学方法、教学模式、教学内容、学生成就、智能发展、个性发展等。

教育测量还涉及教育测量工具——测验，其分类众多。按功用分类，测验分为学绩测验、能力测验、人格测验。按目的可分为诊断性测验、形成性测验、终结性测验。

教育测量所获得的数据需要整理和统计，统计时需要把数据进行整理和分析，并在此基础上进行评价。统计时常用的统计方法有算数平均数、标准差、方差、差异系数、标准分数、难度、信度、效度和区分度。

⑤教学课件设计与制作。教学课件是教师进行多媒体授课时的重要依据，在多媒体教学中充当着重要的内容载体。教学课件的设计与制作需要卓越教师以严谨的态度对待，在设计与制作时需要遵循一定的科学原则，按照教学目标、教学对象的特点，合理选择教学资源，以促进学生更好地理解所学内容。

（2）教师的逻辑思维能力。卓越教师的一个重要任务是培养学生的思维能力，而培养学生思维能力的前提是教师需要具备一定的逻辑思维能力，这主要包括以下几个方面：

①比较能力。通过比较，可以确定被比较事物之间的相同点和不同点。在遇到相似的知识点时，教师需要运用比较能力引导学生找出两个知识点之间的联系和区别，这样才能掌握知识点。

②分析与综合能力。分析与综合是同一思维的两个重要环节，分析是将事物分解为几个部分，或者从整体中区分出个别特性、个别的思维方法。综

合则是将事物的部分、个别特性、个别思维方法整合成一个整体的思维方法。分析与综合是相互协同进行的，在教学过程中，教师可以从一个具体案例出发，先对知识点进行分析，帮助学生理解其组成部分和细节；然后进行综合，将这些部分整合起来，形成对知识的整体认识。分析与综合的应用不仅有助于学生理解和掌握知识的基本思维方法，还是卓越教师开展相关教学的重要思维能力。

③抽象与概括能力。抽象是提取物的本质属性，舍弃其他无关属性的思维方法，概括则是将一些事物的相同属性、相同特征归纳到一起的思维方法。在教学中，抽象与概括是密切相关的。在认识一些概念性知识时，需要学生通过直观教学或实际操作获得感性材料，对所学内容形成感性认识，然后再对感性认识进行整理、归纳，找出本质的属性或特征，加以概括。

④判断能力。判断是肯定或否定某事物具有某种属性的思维形式。卓越教师的判断能力反映了教师对教学知识认识程度及对知识之间联系的掌握程度。能否正确使用判断，能否做出正确的判断，直接关系到教师判断能力的高低，还关系到能否正确、全面地教给学生。

⑤推理能力。推理是在已知判断的基础上得出新判断的思维形式。已知判断称为前提，得出的新判断称为结论。常见的推理有归纳推理和演绎推理两类，所谓归纳推理是从特殊到一般的推理，而演绎推理则是从一般到特殊的推理。可以看出，归纳推理与演绎推理恰好相反，但它们之间的关系相辅相成，相互补充。教师需要具备一定的推理能力，运用归纳推理和演绎推理引导学生认识新知识，获得新技能。

（3）教师的阅读能力。教师的阅读能力是指教师在教学过程中从书面语言符号中提取信息的能力，其中阅读能力涵盖认读能力、教学鉴赏能力、理解能力、掌握阅读方式的能力、指导学生阅读的能力等。这些是教师阅读能力中最基本的能力。在具体的教学实践中，教师的阅读能力表现为阅读教材、阅读教学参考资料和阅读课外读物的能力。教师只有扎扎实实地拥有这一能力，才能引导学生养成好的阅读习惯，培养学生良好的阅读能力。

教师的阅读步骤由浅入深依次为：

①理解阅读材料中重要概念的含义。

②理解阅读材料中重要句子的含义。

③阅读材料信息的筛选与整合。

④分析文章结构，把握文章思路。

⑤归纳内容要点，概括中心意思。

⑥分析概括观点态度。

（4）教师的写作能力。教师的写作能力指的是教师在教学实践中运用书面语言进行遣词造句、谋篇布局，以此来表情达意，传递信息。教师的写作能力包括教学书写能力、教学应用文写作能力、文章写作能力和指导学生作文的能力。

教师的写作能力要求教师书写规范字，做到字体美观大气，笔画清晰，结构合理，字与字之间的距离适中，能够为广大学生模仿。教师的写作能力还要求教师能用书面语言准确、凝练地表达自己的思想，教师不仅要教学生相关的理论知识，还要具备撰写各类实用文章的能力。具体包括：

①常用文体写作。

②材料组织与剪裁。

③谋篇布局与文章结构安排。

④语言表达与修辞手法。

2. 专业能力

过去，教师的专业能力主要包括课堂教学能力、教学反思能力、沟通合作能力，以及教育研究能力。随着现代教育的发展，教师的专业能力也发生了改变，在内涵和外延上都有了一定的拓展。当下的教师专业能力概括起来包括四个方面。(图 2-1)

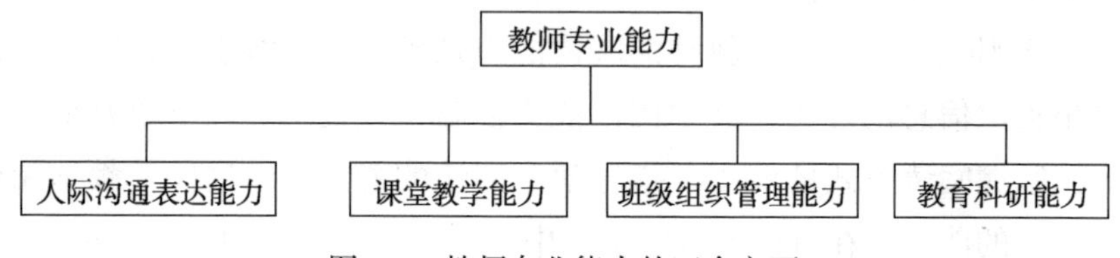

图 2-1　教师专业能力的四个方面

（1）人际沟通表达能力。教师需要处理好人际关系，包括与学生、家长、同事之间的关系，尤其是与学生之间的关系，要努力走进学生，成为学生信赖的老师。同时，教师在交往过程中要发挥教育智慧，通过有感染力的语言，引导学生积极思考，大胆表达自己，进而形成带有个性色彩的语言风格。另外，教师还需要多利用非语言的交流手段，培养人际沟通表达能力。

（2）课堂教学能力。课堂教学能力是教师专业能力中最重要的能力，课堂教学能力通常包括教学设计能力、教学组织能力、教学表达能力和教学评价能力。这几项能力是环环相扣的。其中，教学设计能力影响教学内容，教学组织能力影响上课氛围，教学表达能力影响学生掌握知识的程度，教学评价直接影响学生学习效果。此外，较强的课堂教学能力还包括语言表达能力、创新能力和教学实施能力。

（3）班级组织管理能力。教师是教育过程的主导，对学生来说，教师充当着领导者、领路人和管理者的角色，因此教师需要具备一定的班级组织管理能力。在班级管理过程中，教师要善于管理班级，并在班级中形成正确的价值观、良好的班风，让学生在积极、热情、友爱的班集体里健康成长。

（4）教育科研能力。教育科研能力包括教研能力和科研能力，教师的教育科研能力是衡量教师研究教育教学的能力，具体表现为教师在教学分析、教育反思和教育科研课题研究等方面。教师教育科研能力的获得包括两大途径。其一，教师从一线的教学实践中总结经验并提出问题，从而形成研究课题。其二，在教育教学过程中，教师不断进行实验研究、验证研究、行动研究和经验研究，通过总结，积累大量的一手资料，从而获得教育科研能力。

二、核心特质

1. 职业理念

所谓理念，就是它可以作为一种指导思想来指导人们行动。职业理念是人们在从事某一职业的过程中所形成的关于该职业的意识，也就是职业的指导观念，其中包含着为了什么而工作，怎样工作，怎样做到极致，以及如何与企业共荣辱等内容。

职业理念也可以理解为职业价值观，在具体工作中，职业价值观会产生相应的职业行为。对于卓越教师来说，职业理念指的是教师在教学过程中所形成的职业价值观，它属于一种职业意识形态，具备包括教育职能观、学生观和教师观在内的多重视角。

在了解教育观之前，先要明确教育是什么的问题。

（1）教育。在我国古代，著名的思想家荀子将教育解释为“以善先人者谓之教”。东汉著名学者许慎在其著作《说文解字》中说：“教，上所施，下所效也；育，养子使作善也。”

在西方，许多名人提出了关于教育的不同论点。

古希腊著名的哲学家柏拉图在他的《理想国》中提到，教育是心灵的转向。他将教育与心灵滋养联系在一起。

法国著名的社会学家涂尔干认为，教育是年长的几代人对尚未成熟的几代人所施加的影响，其目的在于使儿童的身体、智力和道德状况得到激励与发展，以适应整个社会对儿童的要求，并适应儿童将来所处的特定环境。从传承的角度切入教育。

英国著名哲学家彼得斯认为，教育是一种不同凡响的活动，是一种有价值的活动。教师在教育学生时，一方面要传授知识；另一方面，要以符合道德的方式来引导学生。其中强调了知识与道德的重要性，指出了教师教书育人的本质。

不同的人之所以会对教育有不同的定义，主要有以下原因：

首先，视角不同。有的人从教育的价值出发，有的人从教育的本质出发，有的人从教育的目的出发。此外，从教育过程、教育实然、教育应然等方面出发的定义也很多。

其次，时代不同。不同的时代，教育本身的内涵与外延不同，且随着时代的发展，教育的内涵与外延也在不断发展。例如，中国古代有“修道谓之教”的说法，将道德培养视为教育。随着时代的发展，教育的智育比重不断加大。教育不仅要重视德育，还要重视智育、包含体育、美育和劳育。因此，如今教育的内涵与外延都有所发展。

最后，教育一词本身就包含多种不同的含义，它既可以被理解为教育过程，也可以被视为教育事实，还可以用来描述教育事实。这三种理解意味着教育存在不同性质的定义。

虽然教育的定义多种多样，但这些定义本质上有一个共同点，即将教育视为培养人的社会活动，这是教育区别于其他事物的最本质特征。因此在肯定教育是培养人的社会活动的基础上，我们对教育进行定义，定义可以分为广义和狭义。

广义的教育指的是增进人们的知识、技能，影响人们的思想，增进人们体质的活动。从人类社会产生开始，教育就广泛存在于人们的生产生活之中，政治、经济、文化和宗教等各个领域都存在教育。

狭义的教育特指学校教育，即根据社会要求和受教育者的发展需要，有目的、有计划、有组织地对受教育者施加影响，以培养一定社会（或阶级）所需求的人。狭义的教育并非从人类社会产生之初就存在，而是发展到一定历史阶段后产生的。当人们的物质生活改善，社会不断进步，就出现了一种专门从事培养人的教育活动——学校教育，它从各种社会活动分离出来，走向独立和繁荣。

学校教育概括起来有四点：有明确的教育目的；有专门的教育机构、教育场所和稳定的教育内容；配备专门的训练和教学技巧；对受教育者进行身心方面的培养，促进其全面发展。因此，学校教育显示了更强的教育作用，更明显的教育效果。学校教育产生之后便成为人类社会最有效、最长久、最集中的培养人的活动。

（2）教师教育观的内涵。这里主要研究狭义的教育，也就是学校教育。学校教育产生后，相关的教育观随之产生。教育观主要研究的是教育现象和问题，以及由此所产生的基本观念体系。教育观的研究内容涉及教育的本质、目的、功能、体制、内容和方法等。教师教育观指的是教师在理论学习及教学实践过程中形成的，对相关教育现象、教学活动和学生等的主体性认识。

教师教育观的内涵也非常重要，具体包括五个方面。(图 2-2)

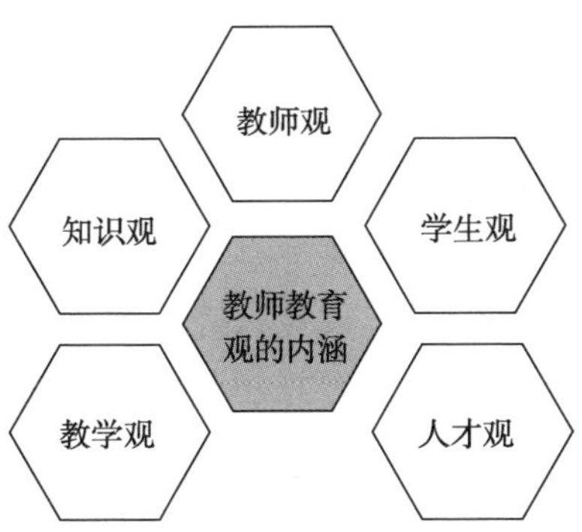

图 2-2　教师教育观的内涵

教师观是作为教育者的教师的认知、看法和期待的集中体现。教师需要树立现代教师观，创新自己思考问题的方法与角度，培养探索、科研能力，形成开放且多维的知识观，同时保持对新事物、新潮流的敏感度与热情。

学生观是教师对学生的基本看法。教师应当树立正确的学生观，能对学生进行客观、公正、科学的认识和评价，能用发展的眼光看待学生的过去、现在和未来，并能处理好教书育人的权威性与保持学生独立性的矛盾。

知识观是教师对知识的看法。教师需要具备正确而全面的知识观，成为具有创造性的知识传递者，掌握处理知识、发现结构，以及进行有效知识传递的能力。

教学观是教师通过教学实践总结教学经验，并认识教育过程与教学本质的看法。知识观与学生观的更新需要结合教学观展开。当代教师需要变革教学观，重视学生的主体性地位、学习能力的培养、学法，以及德智体美劳全面和谐的发展。

人才观是指教师根据社会发展的需求所提出的人才培养的内涵、标准、质量等问题的观点。教师需要树立正确的、前瞻的人才观，用发展的眼光看待班里的每一位同学，从不同的角度去评价学生。需要强调的是，教师不应当只重视智育，而忽略其他教育的培养。

2. 职业素养

卓越教师需要具备较高的职业素养，这是教师职业道德的具体体现。

卓越教师的职业素养主要体现在日常的教学活动中，包括学科教学中的职业素养、师生交往中的职业素养，以及教师团队协作中的职业素养。

（1）学科教学中的职业素养。首先，教师要严谨治学。教师的主要工作就是教学，要达到教学目标，就需要对知识进行全面掌握，而对知识的掌握来源于教师的严谨治学。如果教师没有严谨治学的精神，学生就会出现知识点掌握不牢的情况，这不仅不利于学生的发展，还对教师自身的发展有所影响。要做到严谨治学，教师就要不断学习，通过阅读大量专业书籍来提升自己的能力，通过交流向同行学习。只有保持一颗开放、求知的心才能实现自我发展。其次，通过刻苦钻研获得提升。卓越教师就是那些遇到问题能迎难而上的教师群体，当遇到问题时，卓越教师应当秉承不怕苦、不怕输的精神，以刨根问底的姿态去钻研，从而沿着“实践→问题→钻研→总结→实践”的模式，更好地提升自我。

在学科教学中，卓越教师应当努力创新。创新表现为教师在教学过程中打破常规，走在教学方法和教学模式创新的前沿，成为一名具有规范性和创新性的教师。具体而言，卓越教师应当及时转变教育理念，运用新的教育理念武装自己，并影响更多的学生。卓越教师还应当大胆质疑，敢于批判，这本身就是一种求知精神。与此同时，在质疑和批判中，卓越教师会不断进行探索和研究，并提出论证材料。这在一定程度上促进了教师的成长。

在学科教学中，卓越教师应当重视课程改革。卓越教师应当是课程改革的先锋，他们需要结合自身的教学经验，探索课程改革的新方向。虽然课程改革并不能一蹴而就，但需要千千万万名卓越教师的努力，最终才能实现课程改革的成功。

在学科教学中，卓越教师还应具备诲人不倦的精神。“诲人不倦”出自孔子的《论语》，在这里指的是教师应对学生有耐心，既不能急于求成，又不能放任不管。卓越教师首先需要具备足够的耐心。教育界有一句名言：“十年树木，百年树人。”我们知道，“树人”是一个缓慢的过程，需要几代人的努力。教育本身是一个漫长的过程，培养一代学生同样需要时间。卓越教师应结合学生的阶段性发展特征及个体差异，进行有针对性的教育。当学生犯错时，更应耐心引导他们认识错误并改正。此外，卓越教师还应具备责任心。教师的责任在于教书育人，无论学生成绩好坏，教师都有责任教育好每个学生，促进他们身心的健康发展。教师不应仅仅将教育工作视为一份职业，而应将其视为一项崇高的事业。

（2）师生交往中的职业素养。教育活动的两大主体是教师与学生，二者之间有着千丝万缕的关系。教师方面，他们需要对学生仁爱关怀、民主尊重、公平平等，这是卓越教师应当具备的职业素养。

在师生交往中，教师应对学生仁爱关怀。我们一直在提倡“爱的教育”，这正体现了教师对学生的关爱。教师对学生的爱并非盲目，而是在了解学生的基础上给予关心。例如，教师需要根据学生的具体情况，在学习、生活、精神、身体等方面给予关怀。此外，教师还应当采用恰当的方式关爱学生。

在师生交往中，教师应对学生民主、尊重。民主是政治学中的重要概念，运用到教学中，指的是教师在与学生交往时，不应以发号施令的权威者自居，而应尊重学生，赋予他们发表见解的权利。在当今时代，教师与学生之间是平等的关系，尽管学生需要尊重教师，将其视为师长，但这种尊重应建立在民主的基础上。教师在教学过程中，也应通过民主对话的方式来开展教学活动。学生在尊重教师的同时，教师也应充分尊重学生，包括尊重学生的利益、尊严、观点和意见，杜绝任何形式的歧视。

在师生交往中，教师应对学生公平平等。公平平等指的是教师在教育教学过程中，能够客观、公正地评价学生，并平等对待每一位学生。

（3）教师团队协作中的职业素养。教师在团队中要相互尊重、团结协作，以及良性竞争。

教师之间首先应当相互尊重，只有尊重他人，才能换来他人的尊重。首先，教师需要尊重他人的权利，这是最基本的尊重。教师团队是一个有机整体，需要团队每个成员的努力，团队中的教师应学会尊重，让团队内的教师协作共赢，共同推进教师队伍的壮大及教学能力的提升。其次，教师需要尊重差异。学生之间存在差异，教师之间也存在差异，教师团队中各成员在个性、兴趣、能力、爱好等方面存在差异，团队应该重视差异并发展差异，使每个成员扬长避短，充分利用每种差异，形成教师团队的特色并加以放大。

教师之间还应学会团结协作。现代教育对教师的要求不仅表现为教师个体的能力，还表现为教师在教师团队中的协作能力。教师学会团结协作应从两个方面入手：

首先，教师需要具备平等意识，客观看待差异，包括能力和经验上的差异。例如，能力强、经验丰富的教师不能轻视年轻教师，而应平等对待每一位教师，这一点非常重要，直接影响教师间的协作。

其次，教师需要具备共享意识。所谓共享，其实就是分享的意识，教师应将自己的经验、认知等分享给其他教师。如果每位教师都毫不吝啬地分享，那么经验和认知内容就不是简单的叠加，而会成倍放大，从而促进良好教学成果的产生。

教师之间需要良性竞争。竞争看似与教师合作矛盾，但实际上也是一种社会互动形式。教师之间的竞争应该是良性的，这种良性竞争可以促进教师的发展。判断竞争是否属于良性，可以从以下三个维度进行考量：首先，竞争能否促进教育事业的发展；其次，竞争能否让双方共赢；最后，竞争是否公平、公正。

作为促进教师发展和教育教学进步的重要途径，竞争应当存在于教师团队中。当然，前提是良性竞争。

3. 心理素质

要成为卓越教师，就需要具备良好的心理素质。卓越教师的心理素质包括三个方面的内容，即认知品质、人格特征、适应能力。

（1）认知品质。认知是人认识客观事物、反映客观事物特性与联系的心理活动，同时揭示客观事物对人的意义和作用。认知过程包括信息的获取、储存、转化、提取和使用。对于卓越教师而言，认知品质包括对自我的认知和对他人的认知两个方面。

首先，在自我认知上，教师需公平、客观地评价自己，既要看到自己的优点，又要认识到自己的缺点。教师还应客观对待成功与失败，并从不同角度认识自己，以形成全面、客观的自我评价。

其次，在他人认知方面，教师需要遵循两大原则：首先是全面性原则，教师应全面了解学生，知道学生的强项与弱项，并正确看待学生的表现。教师应积极引导学生，帮助他们改掉缺点和不足，而非因学生的缺陷而放大其不足，更不应以消极态度对待学生。其次是客观性原则，教师在评价学生时，应降低认知上的主观性，力求客观公正。具体而言，教师应避免首因效应，即不能仅凭第一印象判断学生，同时应避免晕轮效应，客观、公正地对待每一位学生，避免刻板印象造成对学生的误解或偏见。

（2）人格特征。卓越教师的人格特征指的是教师作为教育教学活动的主体，在教学过程中形成的良好情感、合理意志结构、稳定道德意识及个体内在行为倾向。教师的人格应当朝着完整性、稳定性、可塑性和独特性方向发展。

① 教师人格的完整性。教师的人格必须是完整的，是真、善、美的统一。教师应以高标准要求自己，通过不断学习和探索来完善自我，最终实现人格的完整性。

② 教师人格的稳定性。卓越教师的人格主要表现出两大方面的稳定性。其一，人格具备跨时间的持久性，即使随着时间的流逝，人格的变化也不应过于明显，这反映了人格的稳定性。其二，人格在不同的情境中应保持一致性。例如，教师在日常教学中表现出的人格与他在危急时刻表现出的人格应具有一致性。

③ 教师人格的可塑性。虽然教师人格具有稳定性的特点，但并不是一成不变的，教师的人格是可以发展的，具有可塑性。当教师的人格不再适应环境时，教师便会通过学习和修炼等方式促进人格的发展。

④ 教师人格的独特性。教师应当保持个性，形成差异化发展。从宏观角度看，教育事业是丰富多彩的，教师发展也应是多元的，只有这样才能创造出更多的创意，为教育赋予更多的可能性。

（3）适应能力。在适应能力方面，教师要适应不断变化的教育教学环境，与时俱进。对于卓越教师而言，适应能力表现在自我定向适应和社会定向适应上。

在自我定向适应方面，教师需要调整内在心理，通过控制、理解、调试等适应过程来提升适应能力，主要包括生理适应、生活适应和职业适应。教师首先要学会调节身心，尤其是在心理上感到不适时，需及时调整。生活适应指教师需保持积极向上的生活态度，以更好地适应不断变化的生活。职业适应则指教师需符合教育发展的各项要求，当条件变化时，能迅速调整自己，继续成为符合时代发展的卓越教师。

在社会定向适应方面，教师需适应社会环境、人际环境及应激情境等。这里不再展开。

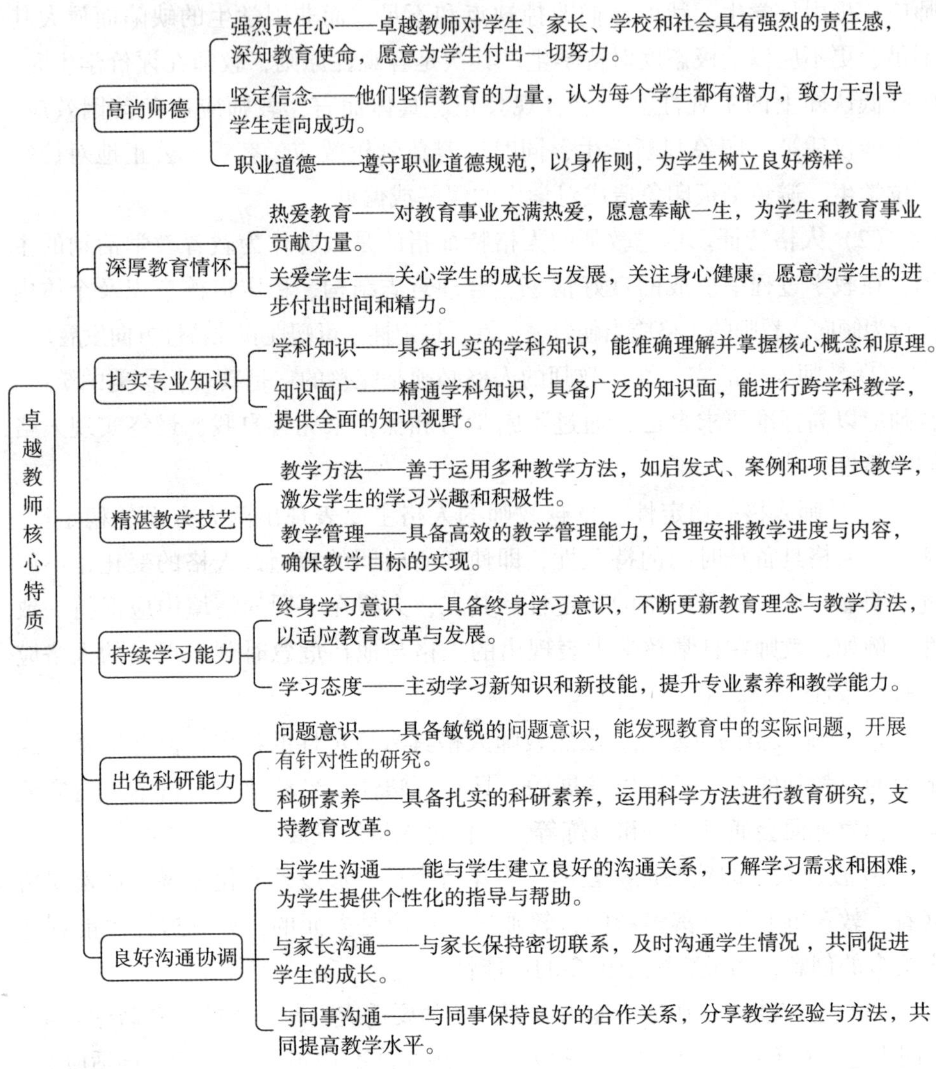

图 2-3

第三章

中国特色高质量教师教育体系的建设之路

随着教育改革的不断深入和教育现代化的加速推进，对教师教育提出了更高的要求。我国已经初步形成了中国特色的教师教育体系，建立了较为完善的教师培养培训体系。然而，与新时代教育发展的要求相比，仍然存在一些不足和挑战。构建中国特色高质量教师教育体系，是适应新时代教育发展的需要，也是提升我国教育国际竞争力的关键。

第一节　中国特色高质量教师教育的价值体系

所谓价值，指的是“人们所利用的并表现了对人的需要的关系的物质属性”①。换句话说，价值就是客体满足主体需要的程度。中国特色高质量教师教育的价值取向指的是教师教育体系建设主体对中国特色高质量教师教育体系建设在价值认知、选择、运用、判断等方面的认知，这一价值取向对教师教育活动具有积极的价值意义。

要振兴教育，必先培养教师，发展中国特色高质量教师教育体系是培养卓越教师的基础，也是动力。其价值取向体现出鲜明的公共性、人本性和创新性。

一、公共性价值取向

中国特色高质量教师教育体系建设中的公共性价值取向是深刻反映教育公平、社会责任与教师专业发展相互融合的重要议题。公共性价值取向不仅体现了教育作为公共服务的本质属性，也彰显了教师教育在国家发展、社会进步中的基础性和先导性作用。

（一）公共性价值取向的内涵

公共性一词源于政治学与公共关系学，指的是公共服务与物品的提供及公共权力的使用，以满足公共需要与公共利益。“公共性”是相对于私人性而言的，具有普遍性用处和影响的概念。公共性价值取向，简而言之，是指在教师教育体系建设中强调教育的公共属性，追求教育公平、社会正义与教师专业发展的和谐统一。它要求教师教育不仅关注个体教师的成长与发展，更要关注整个教师群体对社会的贡献与影响，以及如何通过提升教师队伍的整体素质来促进社会的公平与进步。

---

① 中共中央马克思恩格斯列宁斯大林著作编译局. 马克思恩格斯全集：第19卷［M］. 北京：人民出版社，2006：406.

1. 公益性价值取向

教师教育体系本身是社会公共领域的重要组成部分，也是维持社会稳定，实现公共利益的基础。因此，建设中国特色高质量教师教育具有公共性价值取向。教师教育体系建设承载着国家使命和公共责任，要实现科技强国、教育强国、人才强国，就必须依靠教师教育体系建设。要承担起这些国家使命和公共责任就需要人才支持，人才培养需要依赖教育，而决定教育质量的首要因素则是教师。只有优秀的教师才能培养出更多优秀的师范生。师范生所具备的价值观、人生观、世界观等对学生有积极的影响，也体现了公益性价值取向；教师不仅是学生成长的引路人，还是学生思想的塑造者。

此外，教师教育体系培养的卓越教师以及该体系下培养出的学生，将来能为社会主义现代化建设提供动力，为科技强国提供智力支持。这体现了中国特色高质量教师教育体系的公益性价值取向。

2. 正义性价值取向

要建设中国特色高质量教师教育体系，就需要实现教师教育中的效率与公平之间的平衡，也就是需要实现教师教育的充分性与均衡性。教师教育的充分性与均衡性体现为教师教育在资源配置上的有效性，即资源配置在投入与产出之间实现最优配置，这意味着中国特色高质量教师教育从数量到质量的转变，这一转变推动着教师教育不断向前发展。这恰恰体现了教师教育体系的正义性价值取向。

中国特色高质量教师教育体系的正义性价值取向体现为均衡与充分。当前我国区域发展不充分问题亟待解决。从微观层面来看，正义性价值取向意味着每个公民都应平等地接受教育，这体现为平等性。平等性是正义的核心内涵，意味着每个公民应享有同等的教育权利，不仅包括教育机会的平等，还包括教育过程和教育结果的平等。在教育机会方面，任何公民都享有接受教师教育的权利，不受民族、性别等因素的影响。在教育过程中，每个学生在接受教育时应得到平等的对待。在教育结果上，教育公平强调的是因材施教，即根据学生的个体差异提供适合的教育，以实现教育结果的公平。

在中国特色高质量教师教育体系建设中，公共性价值取向具有重要意义。它不仅是教育公平理念的具体体现，还是实现教育现代化的重要保障。通过强化公共性价值取向，可以推动教师教育体系的均衡发展，缩小城乡、区域、校际之间的教育差距，从而促进教育资源的公平分配和有效利用。

（二）公共性价值取向在教师教育体系建设中的体现

1. 教育公平理念的贯彻

在教师教育体系建设中，公共性价值取向要求将教育公平理念贯穿于教师培养、培训、评价等各个环节。这包括确保所有教师都能享受到平等的教育资源和培训机会，以及通过合理的评价体系来激励和保障教师的专业成长。

2. 社会责任意识的强化

公共性价值取向强调教师作为社会成员的责任与担当。在教师教育体系建设中，应加强对教师的社会责任感教育，引导教师将个人成长与社会发展紧密结合起来，积极参与社会服务与公益活动，为社会的和谐与进步贡献力量。

3. 教师专业发展的协同性

公共性价值取向要求教师教育体系建设应注重教师专业发展的协同性。这包括加强师范院校与综合大学、中小学、教科研部门等机构的合作与交流，形成开放、协同、联动的教师教育合作体系，共同推动教师的专业成长与发展。

4. 教育质量的全面提升

公共性价值取向还体现在对教育质量的严格要求上。在教师教育体系建设中，应加强对教师教育质量的监控与评估，确保教师教育的质量符合社会发展和教育改革的需求。同时，还应注重提升教师的教育教学能力、科研能力和创新能力，以适应新时代教育发展的需要。

（三）实现公共性价值取向的路径与策略

1. 加强政策引导与制度保障

政府应出台相关政策，明确教师教育体系建设的目标、任务与措施，为公共性价值取向的实现提供制度保障。同时，还应加强对教师教育体系的监管与评估，确保各项政策措施得到有效落实。

2. 推动师范院校的综合改革

师范院校作为教师教育体系的重要组成部分，应积极推动综合改革，加强学科建设与课程建设，提升教学质量与科研水平。同时，还应加强与中小学的合作与交流，形成“校—校合作”的共同体，共同推动教师的专业发展。

3. 加强教师队伍的师德师风建设

师德师风既是教师队伍建设的重要内容，又是公共性价值取向的重要体现。因此，应加强师德师风教育，引导教师树立正确的世界观、人生观和价值观，增强教师的社会责任感与使命感。同时，还应建立师德师风考核机制，将师德师风表现作为教师评价的重要指标之一。

4. 推动教师教育的信息化与国际化

信息化与国际化是教师教育发展的重要趋势。因此，应积极推动教师教育的信息化与国际化进程，利用信息技术手段提升教师教育的质量与效率。同时，还应加强与国际教师教育的交流与合作，借鉴国际先进经验，推动我国教师教育体系的国际化发展。

二、人本性价值取向

人本性指的是所有的价值指向人的生存、尊严和自由，所有的发展围绕着人性展开，是人性的体现与升华。教师教育从本质上说是为人民服务，其最终的落脚点仍然落到每一个鲜活的生命上。中国特色高质量教师教育体系的最终目的不仅是培养优秀的教师，更是培养全面且自由发展的人。

（一）人本性价值取向的内涵

人本性是教育哲学与教育实践中一个深刻而广泛的概念，它强调在教育过程中，应把人作为教育的出发点和归宿，尊重人的价值、个性、需求和潜能，致力于促进人的全面发展。

1. 尊重人的价值

人本性价值取向首先强调人的价值是至高无上的。在教育领域，这意味着每个学生和教师都应被视为具有独特价值和尊严的个体。教育不仅是知识的传授，更是对个体价值的认可和尊重。它要求教师关注学生的内在需求、兴趣、动机和个性特点，以及他们的成长和发展，从而帮助他们实现自我价值。

2. 关注人的个性发展

人的个性是多样化的，每个人都有自己独特的性格、兴趣和才能。人本性价值取向主张教育应关注并尊重每个人的个性差异，提供个性化的教育服务。这包括根据学生的兴趣和特长设计课程，采用灵活多样的教学方法，以及提供多样化的学习资源和环境，以满足不同学生的需求。通过关注个性发展，教育可以帮助学生更好地认识自己，让学生发现自己的潜能，并激发他们的学习兴趣和动力。

3. 重视人的需求

人的需求是多种多样的，包括生理需求、安全需求、社交需求、尊重需求和自我实现需求等。人本性价值取向认为，教育应关注并满足人的这些需求。例如，提供安全舒适的学习环境，建立和谐友好的师生关系，以及提供具有挑战性的学习任务和机会，以激发学生的求知欲和探索精神。通过满足人的需求，教育可以激发学生的内在动力，促进他们的主动学习和全面发展。

4. 挖掘人的潜能

人具有巨大的潜能，包括智力、创造力、情感、社交等方面的潜能。人本性价值取向主张教育应致力于挖掘并发挥人的这些潜能。这要求教育者不仅要关注学生的知识和技能水平，还要关注他们的思维方式、情感表达和社交技能等方面的发展。通过提供丰富多样的学习资源和机会，以及采用鼓励和支持的教育方式，教育者可以帮助学生发现自己的潜能，激发他们去探索、创造和成长。

5. 促进人的全面发展

人的全面发展是人本性价值取向的终极目标。它要求教育不仅要关注学生知识和技能的提升，还要关注他们的道德品质、情感态度、身心健康和社会适应能力等方面的发展。通过提供全面均衡的教育内容和方式，教育可以帮助学生建立起积极向上的人生态度，形成良好的道德品质和社会责任感，以及具备强健的体魄和良好的心理素质。只有这样，学生才能在未来的生活和工作中更好地应对各种挑战和机遇，实现自己的人生价值。

（二）人本性价值取向的实现路径

在构建中国特色高质量教师教育体系的过程中，实现人本性价值取向的路径不仅涉及课程与培养方案的调整，还涵盖教育环境的优化、教育技术的应用和评价体系的革新等多个层面。

1. 构建以人为本的课程体系与教学内容

融合理论与实践：课程设计应紧密结合教育实践，将理论知识与实际操作相结合，通过模拟教学、案例分析、实地考察等方式，增强教师的实践能力。

跨学科整合：鼓励跨学科学习，将教育学、心理学、信息技术等多领域知识融入课程，拓宽教师的知识视野，提升其综合素质。

动态更新：根据教育改革与教师发展的最新趋势，定期更新课程内容，确保教师教育的时代性与前瞻性。

2. 实施个性化培养方案与教学模式

个性化学习路径：利用大数据分析和人工智能技术为每位教师定制个性化的学习路径，精准推送学习资源与培训机会。

混合式学习：结合线上与线下教学，利用网络平台进行自主学习，同时开展面对面的讨论与指导，提高学习效率与互动性。

导师制与同伴互助：建立导师制，为每位教师配备经验丰富的导师进行个性化指导；同时，鼓励教师间形成学习小组，通过同伴互助促进共同成长。

3. 建立全面的情感关怀与心理健康支持体系

心理健康教育：将心理健康教育纳入必修课程，提升教师的自我认知与情绪管理能力。

心理咨询服务：设立专门的心理咨询室，提供一对一的心理咨询服务，帮助教师应对工作与生活中的压力与挑战。

校园文化营造：通过举办文化活动、团队建设等方式，营造积极向上的校园文化氛围，增强教师的归属感与凝聚力。

4. 促进教师的自主发展与终身学习

专业发展平台：建立教师专业发展平台，提供丰富的在线学习资源、学术讲座、研修班等，支持教师的持续学习与专业发展。

学术研究与交流：鼓励教师参与科研项目、学术会议与国内外交流，提升其学术水平与国际视野。

职业发展规划：引导教师制定个人职业发展规划，明确发展目标与路径，提供必要的职业发展指导与支持。

5. 强化社会参与与实践体验

社会服务与合作：建立校企合作和校地合作机制，为教师提供参与社会服务、企业实践、社区教育的机会，增强其社会责任感和实践能力。

教育改革与创新：鼓励教师参与教育改革与创新项目，通过实践探索新的教育理念与方法，推动教师教育的持续发展。

评价体系革新：构建以发展性评价为核心的教师评价体系，关注教师的成长过程与综合素质，避免单一的成绩或成果评价，激发教师的内在动力与创造力。

三、创新性价值取向

在新时代背景下，中国特色高质量教师教育体系的建设已成为推动教育现代化、实现中国式现代化的重要支撑。这一体系的建设不仅关乎教师教育的质量和效率，还关乎整个教育体系的可持续发展。创新性价值取向作为其中的核心要素，对于构建开放、协调、联动的教师教育体系具有至关重要的作用。

（一）创新性价值取向的内涵

“创新”一词有两大含义，其一是引入新东西、新概念，旨在制造变化。创新重在“新”字，这里的“新”指的是一切符合时代潮流和时代主题，能促进事物向前发展的东西。创新性价值取向是指在教师教育体系的建设中，以创新为引领，注重培养教师的创新意识、创新能力和创新精神，推动教师教育体系的不断发展和完善。这种价值取向强调在继承传统的同时，勇于探索、敢于创新，以适应新时代教育发展的需求。

在中国特色高质量教师教育体系中，创新性价值取向的内涵主要体现在以下几个方面：一是注重培养教师的创新思维和创新能力，使其能够在教育实践中不断探索新的教学方法和手段；二是鼓励教师积极参与教育科研活动，推动教育理论和实践的创新；三是倡导开放、包容的教育环境，为教师提供广阔的创新空间和平台。

1. 创新性是实现创新驱动发展的客观要求

人与动物最大的不同在于人类能创新，正是有了创新，人类社会才能不断向前发展。创新非常重要，对国家和民族而言，创新是民族进步的灵魂，也是国家兴旺发达的动力。当今时代更是一个需要创新的时代，因此创新成为各国竞争制胜的法宝。中国越来越重视创新的作用，并将创新提升到一个前所未有的高度。党的十八大曾提出，将创新放在国家发展全局的核心位置上，围绕创新驱动发展策略。党的二十大将创新视为发展的“第一动力”，这从国家战略层面上肯定了创新的地位。

当今时代，创新驱动发展，推动着社会、经济、科技等各个方面，同时也推动着教育、人才领域的发展。只有国家体系中的各行各业都积极参与到创新发展中，才能实现中国式现代化目标。因此，发展中国特色高质量教师教育体系，理应积极响应国家战略部署，推动体系的优化建设。

2. 创新性是应对时代变化的内在需求

随着时代的发展，我国的外部环境和内部环境都发生了显著变化。在这一形势下，中国特色高质量教师教育体系需要充分体现创新性，不断创造出符合社会发展需求的教育成果。

外部环境的变化主要表现为世界迎来了人工智能时代、知识经济时代和第四次工业革命，新时代带来了无限的发展机遇，同时也伴随着各种各样的挑战。教师教育体系需要不断创新。一方面，新教育理论出现，如建构主义理论和后现代主义理论等，这些理论颠覆了传统的教育理念，促进了教师、学生、课程资源等多方面的发展。另一方面，高等教育普及化时代的到来，推动了终身教育理念的发展，终身教育理念强调教师在职前、在职和职后的持续发展，倡导终身学习。

除了新教育理论及终身教育理念，时代发展带来的技术上的创新促进了新的学习方式与教学方式的产生与发展。在新技术的影响下，人工智能发展迅速，广泛应用于多个行业、智慧学习平台及在线学习平台等，改变了原有的教学方式与学习方式。

（二）创新性价值取向的分类

在中国特色高质量教师教育体系的建设中，创新性价值取向不仅体现在宏观的教育理念和制度设计上，还深入到具体的教学方法、课程内容和教育技术的革新中。

理念创新：是指在教育理念上的创新，包括教育观念、教育目标、教育内容等方面的创新。理念创新是教师教育体系建设的灵魂，它引领着整个体系的发展方向。

制度创新：是指在教育制度上的创新，包括教育管理体制、教育评价制度、教育资源配置等方面的创新。制度创新是教师教育体系建设的保障，它确保体系的运行效率和公平性。

方法创新：是指在教育教学方法上的创新，包括教学手段、教学策略、教学模式等方面的创新。方法创新是教师教育体系建设的核心，它直接关乎教师的培养质量和效果。

（三）创新性价值取向的实现路径与深化策略

在明确了创新性价值取向的内涵与分类后，如何在中国特色高质量教师教育体系建设中有效实施并深化这一价值取向，成为当前教育改革的重要议题。

1. 构建创新生态系统

政策引导与支持：政府应出台相关政策，鼓励和支持教师教育的创新实践，包括资金扶持、项目资助和荣誉奖励等，为创新提供坚实的政策保障。

跨界合作与资源共享：加强高校、中小学、科研机构和企业等多方合作，建立开放共享的教育创新平台，促进知识、技术和资源的跨界流动与整合。

创新文化与氛围营造：在校园内营造鼓励创新、宽容失败的文化氛围，通过举办创新大赛、学术论坛、工作坊等活动，激发师生的创新热情与潜能。

2. 强化师资队伍的创新能力

创新人才培养计划：实施有针对性的创新人才培养计划，如设立“未来教育家”项目，选拔并培养具有强烈创新意识、扎实专业知识和卓越教学能力的青年教师。

持续专业发展：建立教师终身学习体系，鼓励教师参与国内外进修、学术交流和科研合作，不断更新知识结构，提升创新能力。

教学创新实践：鼓励教师探索并实施新型教学模式，如翻转课堂、项目式学习、探究式学习等，通过实践检验并优化创新理念与方法。

3. 课程与内容的创新设计

跨学科课程整合：打破传统学科界限，设计跨学科课程，促进学生综合素质和创新能力的全面提升。

实践导向课程开发：强化理论与实践的结合，开发基于真实情境的案例课程、模拟课程，让学生在解决实际问题的过程中学习成长。

前沿科技融入教学：紧跟科技发展步伐，将人工智能、大数据、云计算等前沿科技融入课程内容，培养学生的科技素养和创新思维。

4. 技术创新与数字化教育

智能教育技术应用：推广使用智能教育平台、虚拟现实（VR）、增强现实（AR）等先进技术，提升教学互动性和个性化水平。

教育大数据分析：利用大数据技术，收集、分析学生的学习数据，为教师提供精准的教学反馈，以优化教学策略，提升教学效果。

在线教育平台与资源建设：构建国家级在线教育平台，整合优质教育资源，提供丰富多样的在线课程和学习资源，促进教育公平与优质资源共享。

5. 评价体系与激励机制的创新

多元化评价体系：建立包含学业成绩、创新能力、综合素质等多维度的评价体系，全面评价学生的发展与成长。

过程性评价与反馈：重视学生学习过程中的表现与进步，通过持续反馈，帮助学生及时调整学习策略，激发学习动力。

创新激励机制：设立创新奖学金、创新成果展示会等，表彰在创新方面表现突出的学生与教师，激发创新活力。

第二节　中国特色高质量教师教育的布局体系

中国特色高质量教师教育应从治理体系、人才培养体系、学科体系三方面统筹布局，以实现教师教育的现代化发展，提升教师教育人才的培养质量，夯实教师教育的理论基础。

一、中国特色高质量教师教育的治理体系

教师教育治理体系是教师教育各利益主体利用公共权力参与治理事务，涵盖治理机构体系和教师教育治理制度体系两部分。

（一）治理机构体系

治理机构体系的主体包括各级政府、高等院校、教师教育培训机构、各级学校、社会组织团体，以及市场力量。在该体系中，政府占据主导地位，对教师教育相关事项进行治理。随着时代的发展，教育事业迎来了飞速发展的黄金时期，教师教育也随之出现了许多变化，例如参与主体多元化趋势明显，教师教育利益主体对民主参与和民主管理的愿望愈发强烈。因此，中国特色高质量教师教育的治理体系需要构建合理布局，形成多元协同发展的格局。

多元协同的中国特色高质量教师教育治理体系，需要建立多元协同的教师教育治理机构体系，具体应从以下三个方面入手。

1. *以政府为主导，统筹多方资源*

相关政府部门需要对教师教育布局结构进行宏观调整，包括通过政策、制度、拨款等形式进行宏观指导。当今时代，区域发展不平衡导致教师教育效率不高。各级政府部门应从整体上布局教师教育，推动区域教育发展。一方面，应加大中西部地区师范院校与承担教师培养的综合性院校的比例；另一方面，还要加强东中部与西部地区院校的联系，促进西部地区教师教育发展。宏观调控还应进一步强化师范院校的主体地位，同时鼓励综合性院校增加教师教育的培养力度。当前，大多数师范院校存在“师范性”不强的问题，

而综合院校参与教师教育的力度也不足。因此，国家应该强化宏观调控，从政策、财政、项目上推进教师教育向前发展。

2. 建立 U-G-S 协同治理机制

U-G-S 协同治理指的是政府、教师教育机构和各级学校三方协同治理。通过制定“权力分工制度”“权力清单制度”，建立三方的协同治理机制。政府需要推行“放管服”改革，转变政府职能。各大教师教育机构和各级学校则需放权，扩大高校自主办学的能力，同时加大民主参与与民主治理的力度。通过政府统筹，积极发挥教师教育机构和各级学校的资源优势，从而建设中国特色高质量教师教育体系。

3. 应积极发挥社会力量，重视市场功能

在中国特色高质量教师教育体系建设过程中，需要加强治理体系中社会组织的建设，并进一步规范社会组织相关制度，充分发挥社会组织在教师教育质量中的监督、咨询、评估等功能。此外，市场功能也是发展中国特色高质量教育体系的重要力量，需要进一步优化市场资源配置，提高资源利用效率。

（二）中国特色高质量教师教育的治理制度体系

要构建中国特色高质量教师教育治理体系，需要在制度上有所突破。制度不仅能协调教师教育的各个参与主体，还能优化资源配置。目前，教师教育体系建设中仍然存在一系列问题，突出的问题表现为：教师教育法律制度尚不完善，教师准入制度有待加强，教师教育质量保障体系需要健全。

在教师教育法律制度方面，需要加快步伐，促进相关法律制度的修订。目前，教师教育相关规定分散在《教育法》和《中华人民共和国教师法》中，一些规定已经无法满足当下教师教育的新情况与新要求，急需加快相关法律的修订并促进一整套系统的法律的出台。

在教师准入方面，当前师范院校的专业吸引力较差，导致专业生源的整体质量不高，直接影响未来教师的质量。综合性大学和其他教师培训机构在培养教师的水平上也存在参差不齐的现象。因此，国家需要加大政策和财政支持，提升教师教育的吸引力，以吸引更多高中毕业生投身于教师教育。同时，还应进一步扩大免费师范生的范围，提升生源质量。在教师准入方面，进一步完善教师资格审查制度与指导机制，严把教师入门关。

在教师教育质量保障体系构建方面，首先需要加大财政支持，提升教师教育相关高等院校以及培训机构的财政支持，以提高师范人才素质。另外，地方政府也应当保证教师教育的投入，建立长效保障机制。

健全教师教育质量保障体系是高质量体系建设的重要环节。一般来说，教师教育质量保障体系涵盖质量监督体系、质量评价体系和质量标准体系三方面。在质量监督体系上，应加大对师范院校、综合大学和各教师教育机构的监督力度，健全质量监督的长效机制。在质量评价体系上，实施师范类专业质量认证与评估制度，将评价提升到制度层面。在质量标准体系上，构建“人工智能+教师教育”体系，运用信息技术、人工智能等高新技术，建立全国教师教育学习和成长平台，为教师教育治理体系建设提供支持。

二、中国特色高质量教师教育的人才培养体系

人才培养是中国特色高质量教师教育建设的重点，在人才培养方面，中国特色高质量教师教育的人才培养体系需要从以下几个方面着手。

（一）培养规格上，培养专业型、复合型人才

随着新时代的到来，社会对人才的需求发生了新变化，表现为对专业型、复合型和综合型人才的需求显著增加。这是因为新时代衍生出新的产业，产生了新的技术，因此在人才需求上有了新的变化。反观我国的教师教育培养，师范类的“师范性”较强，但存在知识面较窄的问题，综合型大学的培养则存在理论性强，实践性弱的不足。因此，培养出符合社会需求和基础教育发展的人才，是当前教师教育建设的重点。此外，教师教育人才培养还需紧跟基础教育改革的步伐，有针对性地制定人才培养计划，从而培养出符合人民与社会需求的高素质教师。

（二）培养层次上，提升学历层次

当前，一些学校的学历结构有了明显的提升，但从整体上看，我国各级各类教师的学历层次仍然不高，尤其是硕士以上的比例不高。中西部地区及广大农村教师的学历层次较低。为此，国家应加大师范院校教育硕士和博士点的建设力度，提高硕士和博士的招生比例，建立师范类本科—硕士一体化的培养模式。对于广大农村地区的教师教育，应继续实施乡村教师学历提升计划及定向硕士培养计划，推进本科—硕士—博士的教师教育三级人才培养模式。

（三）培养模式上，调整学科布局

当前的科学专业中，存在专业结构不合理的问题，表现为中学教师教育专业和小学教师教育专业呈现出供大于求，而学前教育、特殊教育和职业教育的发展相对缓慢。因此，教师教育应当调整学科专业的布局，扩大招生规模。

（四）课程体系上，构建教师教育课程体系

教师教育课程体系由教师教育课程、学科专业课程、通识课程和实践课程共同组成。其中，教师教育课程是基础课程，学科专业课程是主干课程，通识课程是拓展课程，实践课程是保障课程。同时，需要与时俱进，更新课程内容，加入与时代密切相关的前沿知识。

（五）在教育教学方法上，创新教育教学

现代教师教育方法需要借助新技术，融合新理念进行创新，新技术如人工智能、大数据、互联网和云计算等，以开放、创新的现代理念，提高教师教育质量。

（六）职后培养上，构建一体化教师教育人才培养体系

教师教育不仅应注重职前培养，还应注重职后培养，促进教师养成终身学习的习惯。教师教育应贯穿于教师的整个职业生涯，包括在职培训、晋升培训、职业发展培训和科研培训等。目前，我国在职前教育方面取得了显著进展，但在后续培训方面仍存在明显不足，后续培养质量不高，职后教育的相关专业教师资匮乏。

针对这些问题，提出的解决策略如下：

首先，应建立职后教育培训机构，并进一步健全教育培训机构的相关规定，构建国家—省—市—县四级培训机构模式，加强培训机构建设。其次，未来还应延续“国培计划”和“省培计划”，提升培训质量，扩大培训规模。最后，根据不同地区的教师专业发展需求，开展侧重点不同的职后培训，同时吸纳高校骨干教师及各级各类学校的优秀教师进入职后培训队伍，储备职后培训的教师资源。

三、中国特色高质量教师教育的学科体系

当前，我国教师教育学科体系的发展尚处于初级阶段，从 2006 年首次提出建立教师教育学科体系至今，只有二十年左右的时间。因此，我国距离成熟、独立的教师教育学科体系还有很长的路要走。

要建设中国特色高质量教师教育的学科体系，需要从以下三点入手：

（一）明确教师教育的学科定位

长期以来，教师教育的学科定位不够清晰。实际上，教师教育学是教育学之下的学科，教育学属于一级学科，而教师教育学属于二级学科。作为一门新兴的学科，教师教育学主要研究和揭示教师教育活动及其规律，其具体内容包括教师教育理论、教师教育制度与政策、教师教育实践等。教师教育学的定位应当是教育学之下的学科，与学前教育学、高等教育学、成人教育学这些学科是并列的。

（二）加快完成教师教育学科知识体系的构建

由于教师教育学的发展处于初级阶段，因此，学科知识体系呈现出非系统性。与其他学科相比，知识体系的构建尚不完整。因此，需要加快教师教育相关理论的研究与创新，明确教师教育学科的核心概念，加快完成教师教育学科知识体系的构建。此外，还要加强教师教育实践方面的体系建设，实现教师教育课程、教师教育政策、教师教育人才培养等方面的统筹发展，从而推动教师教育学科知识及整个专业的发展。

（三）完善教师教育学科制度的建设

目前，将教师教育学作为二级学科设置的师范院校屈指可数，要发展教师教育，必须完善教师教育学科的制度。从宏观层面讲，国家应当调整学科结构，设立教师教育专业。有了独立设置的保障，才能开展教师教育人才的培养。同时，还需要拓展教师教育学的学历层次，建立本硕博三级培养模式，以培养更多的高级人才。此外，通过设立教师教育课题、设立教师教育支撑评审专项计划、加强教师教育机构建设、成立教师教育学专业学会等方式，也能不断完善教师教育学科制度的建设。

第三节　中国特色高质量教师教育的支持体系

中国特色高质量教师教育的发展离不开国家、社会和学校等多方面的支持。因此，构建中国特色高质量教师教育的支持体系具有积极意义。党的十九大以来，我国在建设具有中国特色的一流师范教育、健全中国特色教师教育标准体系，以及营造教师成长的良好社会氛围方面，为支持体系的建设做出了贡献。

一、构建具有中国特色的一流师范教育

在竞争日益激烈的全球格局中，教师教育的竞争既要符合世界教师教育发展的趋势，又要坚持本土化的发展。因此，构建具有中国特色的一流师范教育非常有必要。

（一）坚持开放式、本土化办学模式

自2018年起，随着《关于全面深化新时代教师队伍建设改革的意见》和《教师教育振兴行动计划（2018—2022年）》等文件的颁布，国家出台了多项政策，从机构设置、经费保障、质量保障等方面全面启动中国特色高质量教师教育的支持体系。目前，我国有215所师范院校和500余所非师范院校共同参与教师培养，基本形成了具有中国特色的师范教育体系。为了加快构建具有中国特色的一流师范教育，部分师范院校已完成第一轮“双一流建设”，并进入新一轮“双一流建设”。在建设过程中，北京师范大学、华东师范大学、东北师范大学、华中师范大学、西南大学和厦门大学六所大学将教育学作为学科建设的重点，其他“双一流”师范院校也将教师教育学科作为重点学科进行建设。

目前，我国师范教育已经确立了以师范院校为主体、高水平非师范院校参与的基本框架。181所师范院校在“十三五”期间将重点放在教师培养上，通过改进教师培养机制、培养模式以及课程体系，促进教师教育体系的建设。

高水平的非师范院校主要通过成立教师教育学院并设置师范类专业来培养学生。与西方主要依靠综合性大学培养教师相比，我国更注重开放性，积极探索师范性与学术性的统一，努力探索出一条师范教育本土化的道路。

（二）坚持协调布局、整体推进

我国始终坚持为人民办好大学的原则，建设了多所师范院校。这些师范院校分布在全国各地，服务于当地的教育需求。在满足基本教育需求的同时，我国也在提升师范院校的整体水平。例如，2022 年，《关于实施师范教育协同提质计划的通知》提出，“十四五”期间，教育部重点支持一批中西部欠发达地区薄弱师范院校，加强学校人才队伍、学科专业等建设，整体提高师范教育办学水平，为欠发达地区培养高质量基础教育教师，为乡村教育发展和乡村振兴提供坚强人才支撑。① 与西方的市场驱动下的“教育沙漠”（某些地区没有高校，或者只有一所社区学校，这种现象多出现在低收入地区和有色人种社区）相比，《关于实施师范教育协同提质计划的通知》很好地彰显了宏观调控的优势，使得各个师范院校脱离了竞争关系，促进师范院校协同共生关系的形成。

由此可见，中国特色师范院校体系的两大特征是政府主导的师范院校高质量发展以及整体性发展，而坚持为人民服务则是这一特征的前提条件。

（三）坚持多元招生、定向就业

我国在建设中国特色师范教育体系过程中，坚持多元招生、定向就业的策略。从 2018 年开始，国家出台了《关于全面深化新时代教师队伍建设改革的意见》《中西部欠发达地区优秀教师定向培养计划》《新时代基础教育强师计划》等文件，这些文件的出台为满足不同层次、不同地区的教师需求提供了政策支持。

《关于全面深化新时代教师队伍建设改革的意见》提出了各项教师队伍建设改革的措施，包括提升生源质量、完善公费教育政策和优化招生制度等。《中西部欠发达地区优秀教师定向培养计划》提出，从 2021 年起，教育部直

---

① 教育部. 教育部办公厅关于实施师范教育协同提质计划的通知[EB/OL].(2022-02-22)[2022-03-20]http://www.moe.gov.cn/srcsite/A10/s7011/202202/t20220222_601227.html.

属师范大学与地方师范院校采取定向方式，每年为832个脱贫县（原集中连片特困地区县、国家扶贫开发工作重点县）和中西部陆地边境县（以下统称定向县）中小学校培养1万名左右师范生，从源头上改善中西部欠发达地区中小学教师队伍质量，培养造就大批优秀教师。

2022年，教育部等八部门印发了《新时代基础教育强师计划》。该文件提出，完善部署师范大学示范、地方师范院校为主体的农村教师培养支持服务体系，为中西部欠发达地区定向培养一批优秀中小学教师。以示范带动当地教育，并推动各地加大对县域普通高中和乡村学校教师的补充力度。此外，我国还实施多元招生模式，包括普通师范生、国家优师、公费师范生和地方优师等。对于特定类别的师范生，国家采取了免除学费、免缴住宿费，并提供生活补助等资助形式，以支持师范生的培养。

此外，国家设置了一些特殊类别的师范生，这些师范生属于定向就业。在完成大学所有课程后，他们将定向就业到县区的中小学，履约期不少于六年。定向就业的县人民政府负责落实就业工作，并保证岗位和待遇。定向设置每年为区域教育输送大批优秀教师，带动区域教育的快速发展。

国家实行的多元招生和定向就业政策彰显了中国特色师范教育体系的制度优势。同时，这种招生就业模式很好地兼顾了欠发达地区的教育需求，促进了欠发达地区教学质量的提升。

二、健全中国特色高质量教师教育标准体系

党的十九大以来，政府结合之前制定的标准，进一步健全和完善教师教育标准，着力于打造全方位的中国特色高质量教师教育标准体系。

（一）将师德师风作为评价教师队伍素质的第一标准

2018年，习近平总书记在北京大学师生座谈会上强调：“评价教师队伍素质的第一标准应该是师德师风。师德师风建设应该是每一所学校常抓不懈的工作，既要有严格制度规定，又要有日常教育督导。”① 具体到师范类专业认证标准中，师德成为师范生毕业的第一要求，同时师德也是指导师范生教学、

① 新华网. 习近平在京大学师生座谈会上的讲话[EB/OL].(2018-05-03)[2022-03-20].http:/www.xinhuanet.com/politics/leaders/2018-05/03/c_1122774230.html.

育人和发展的第一要素。师德师风在师范生教师职业能力标准中占据第一位。

之后，《新时代基础教育强师计划》《新时代高校教师职业行为十项准则》《新时代中小学教师职业行为十项准则》《新时代幼儿园教师职业行为十项准则》等文件的颁布，使得师德师风作为评价教师队伍素质第一标准的理念得以确立，并扭转了教师专业能力凌驾于师德师风之上的不良风气，引起了整个教育体系对师德师风建设的重视。

（二）开展师范专业认证和确定师范生教师职业能力标准

师范类专业建设需要通过开展师范专业认证和确定师范生教师职业能力标准来加强，进而规范高校办学质量，提高师范生培养质量。师范专业认证指的是通过使用一套标准去评估某个专业的合理性，通常这个标准是由同行制定的，评价过程及评价结果将成为主要依据，以指导专业建设，确保培养出合格的人才。师范专业认证，就是通过专业认证去评价专业的合理性，从而更好地指导专业建设，促进高质量教师的培养。

我国确立三级五类师范专业认证标准体系是在 2019 年。三级五类师范专业认证标准通过师范专业认证对项目进行有效性循证分析，找出不足之处，便于项目的改进与实施，促进高校持续提升人才质量。2023 年，我国有 9 所高校的 9 个专业通过了三级认证。通过二级认证的有 466 个专业。这种认证方式成为学校、家庭、社会了解高校教师教育资质的主要方式，同时也能推动教师教育不断改进，以达到师范专业认证标准，从而为社会培养更多的卓越教师。

师范生教师职业能力标准的制定也为师范生培养提供了参考。2021 年，教育部发布了《中学教育专业师范生教师职业能力标准（试行）》等文件，规定了专业师范生教师职业的基本能力，涵盖四项，分别为师德践行能力、教学实践能力、综合育人能力、自主发展能力。师范生教师职业能力标准从师德、实践、育人、自主发展四个方面规定了师范生应当具备的能力，为师范生整体素质的提升提供了方向。

师范专业认证以及师范生教师职业能力标准成为指导师范类人才培养的一整套重要指南，为提升教师的综合能力提供了标准。

（三）其他标准

除师范专业认证、师范生教师职业能力标准之外，我国在教师职后培训上也制定了教师培训的基本标准以及教师专业发展类机构的建设标准。党的十九大以后，各项标准陆续出台，大大推动了教师专业成长。2017 年，教育部颁布了《中小学幼儿园教师培训课程指导标准（义务教育语文学科教学）》等文件，进一步规范与指导教师培训工作，这在一定程度上提高了教师培训的针对性，促使培训内容转化为教师能力的提升。教师培训课程标准并非一成不变的，而是采取分批研制、逐步健全、形成体系的思路，构建了一个完整的教师培训课程指导标准体系。

三、大力弘扬尊师重教的社会风尚

教师肩负着教书育人，为社会输送人才的社会重任，理应受到尊重。因此，需要建立尊师重教的社会风尚，教师理应获得应有的尊重和一系列权利。在教师教育领域，需要在培养师范生的过程中，综合资源，吸引人才，提升教师的准入门槛。对于在职教师应当将关注点放在待遇和奖励机制上。

（一）吸引更多优秀毕业生报考教师教育专业

一个具有吸引力的职业往往意味着其社会认可度较高。要判断一个职业是否具有吸引力，观察报考人数就能得到答案。因此，教师教育能吸引到众多优秀毕业生报考，说明社会层面上尊师重教的传统弘扬较好。

我国为了提升教师教育专业的吸引力，出台了一系列政策，如 2018 年出台的《关于全面深化新时代教师队伍建设改革的意见》，同年出台的《教师教育振兴行动计划（2018—2022 年）》在生源质量、培养方式、教师待遇等方面提出了政策导向。在政策的影响以及人们对教育日益重视的背景下，教师教育专业已成为最近几年优秀毕业生报考的热门专业。越来越多的优秀毕业生选择了教师教育专业，投身教师队伍中。

“师范热”成为当下热词。“师范热”进一步推动了师范院校相关研究生的报考，在一定程度上提升了教师教育专业的学历层次。“师范热”的背后是国家在师范生就业渠道、社会地位和培养资源上的保障，这使得教师教育专业在未来还将继续快速发展。

当前，我国的师范生培养政策是“免（低）学费、高资助”，中央高校的师范生每年可以拿到 3000 元的拨款资助，而公费师范生的标准则是每年 5000 元。同时，在改善基本办学条件上，实行专项资金向师范院校倾斜。

（二）逐渐提升教师的准入门槛

以往，社会普遍认为教师职业与其他职业相比，其专业性不强。其实这是一种偏见，没有认识到教学的复杂性，也没有意识到教师的重要意义。进入信息时代，教学环境发生了巨变，随之对教师的知识水平、教学能力、教育能力、师德师风等提出了更高的要求。因此，教师的准入门槛也在提升。国家为了提升教师的准入门槛，先是出台了《关于全面深化新时代教师队伍建设改革的意见》，该意见指出未来的发展重点集中在教师培养培训体系、职业发展通道、教师管理体制、待遇提升保障机制及教师职业吸引力上。《关于全面深化新时代教师队伍建设改革的意见》之后的政策将重点放在学历层次和教师资格上。《教师教育振兴行动计划（2018—2022 年）》提出了“教师培养层次提升行动”，为教师的学历提升提供了政策支持。《新时代基础教育强师计划》提到了“完善教师资格制度”，改革中小学教师资格考试，改革定期注册制度。国家层面对教师准入门槛的提升，充分说明了国家和社会对尊师重教美德的重视。

（三）提升教师待遇，不断改善工作环境

除了给予教师应有的社会地位，还需要提升教师的待遇，提升教师的职业幸福感。尊师重教的外在表现应当是教师的薪酬待遇。教师职业的收入是个人是否选择从事教师职业的一个重要因素。因此，在提升教师收入的同时，也要改善教师的工作条件和工作环境，营造安全、愉悦的工作氛围，更好地促进其专业发展。

党的十九大以来，党和国家在提升教师待遇、改善工作条件方面采取了多项措施，并取得了一定的成果。党和国家还特别重视乡村教师的待遇及工作环境的提升。总的来看，目前我国的教师待遇在不断提升，实现了“义务教育教师平均工资收入水平不低于当地公务员平均工资收入水平”的目标，教师的工作环境也有所改善。

（四）加大教师奖励力度

国家、地方、学校需要建立相应的奖励制度，表彰优秀的教师，促进师德的提升，促进其专业成长。如果没有奖励激励制度，教师很难解决教学困

难，也难以总结优秀教师的成长与经验。因此，国家、地方和学校应当建立健全奖励制度，这样才能在社会上形成尊师重教的风尚，并通过跟踪优秀教师的成长经历，激励他们朝着更符合时代潮流发展的方向前进，促进他们不断成长，产生新的教学成果。

我国大力宣扬“时代楷模”“最美教师”，并开展不同形式的国家级教学名师、国家级教学成果奖评表彰、教学一线教师表彰、特级教师评选等，从多方面加大对教师的表彰力度。同时，国家还出台了一些具体政策，在薪酬、聘任、职业发展等方面激励优秀教师。

第四节　中国特色高质量教师教育的评价体系

中国特色高质量教师教育的评价体系是教师教育体系的重要组成部分。构建高质量教师教育评价体系是发展中国特色高质量教师教育体系的根本保障。本节主要围绕区块链技术在评价体系中的应用展开探讨。目前，将区块链技术引入评价体系中，成为推动评价过程有效、安全以及可靠提升的重要技术手段。区块链具有去中心化、共识机制、点对点传输、加密算法和智能合约等特点。将区块链技术运用于评价过程可以解决相关评价问题。

一、中国特色高质量教师教育评价

中国特色高质量教师教育评价作为教育高质量发展过程中的重要一环，其目的是加快教师教育的高质量发展。这涉及两个方面的内容：首先是教师教育机构的高质量发展，其次是教师教育对象的高质量发展。

但目前在教师教育评价上，仍面临许多问题。最突出的问题表现为职前培养与职后专业发展的脱节，导致一体化培养机制在落实过程中不够全面。这一问题主要表现在以下三个方面：首先，孤岛效应的出现；其次，评价的主体与客体之间存在权责不明确的现象；最后，评价反馈机制还需要进一步强化。

为了解决以上问题，在教师教育评价中引入联盟链。联盟链属于区块链中的一个类型。区块链技术是指一个分布式数据库系统，该系统由 P2P 网络及网络上的节点构成，其显著特点是不需要中心化的数据库或服务器，并且数据无法篡改。根据用户的准入机制划分，区块链分为公有链、私有链、联盟链。公有链和私有链完全相反，公有链对用户完全开放，完全去中心化；而私有链则对用户完全封闭，完全中心化。联盟链介于公有链与私有链之间，具有半开放（或半封闭）、多中心化的特点。联盟链由联盟成员通过协商来确定账本的记账人，并找到使用的群体或者组织。

区块链技术成为当前促进教育评价改革、助力教育评价机制、形成评价体系等各个方面的工具，其优势体现：其一，基于多中心化的特点可以解决评价的孤岛现象，促进评价主体与评价客体之间实现权责明晰，即通过建立多中心评价共同体，各评价中心再与主客体之间建立有效沟通机制，从而实现评价体系的多中心化；其二，联盟链技术具有半公开特点，使得评价的主体与客体能够及时查询到评价结果，并持续改进，这实现了评价体系的联盟治理。

二、中国特色高质量教师教育评价体系的构建

中国特色高质量教师教育评价体系的构建涉及设计理念、整体架构、数据模型三大内容。

（一）中国特色高质量教师教育评价体系的设计理念

基于联盟链的中国特色高质量教师教育评价体系应围绕教师的成长展开，覆盖教师成长所经历的职前、入职及职后的三个阶段，从而构建一个一体化的教师培养系统，促进教师的专业发展。在设计理念上，中国特色高质量教师教育评价体系应以多元、一体化和解决问题为基本理念。

多元指的是教师培养各个阶段的评价主体不同。高等院校、地方政府教育行政主管部门和中小学分别是教师成长三个阶段的评价主体。

一体化指的是实现教师职前与职后的一体化培养，以及教师成长各个阶段的评价主体的一体化评价，从而从整体上把控教师培养的全过程。

评价的最终目标是解决问题。教师教育评价的结果需要及时反馈给相关机构，以促进问题的发现与解决。评价结果的反馈有利于优化教师培养，并在一定程度上促进教育公共事务管理水平的提高。

（二）中国特色高质量教师教育评价体系的整体架构

区块链的代表是超级账本的核心子项目，即分布式共享账本。该项目具有完备的成员管理服务，能灵活地完成公式协议的插拔，并能保护用户的隐私。这里的中国特色高质量教师教育评价体系的整体架构围绕分布式共享账本搭建，自下而上包括区块链技术基础服务层、数据层、智能合约层和呈现层。

架构中区块链技术基础服务层为中国特色高质量教师教育评价体系提供

基础服务，如共识服务、密码服务、安全服务、管理服务。其运行模式是将电子资源通过网络平台传输给用户进行管理。

数据层主要负责评价数据的访问与存储。其硬件支持为数据库和云服务。数据层分为区块头数据与区块体数据。区块头数据包括 Merkle 档案、评价实践、评价主体、评价方式、评价反馈与改进、链式结构、随机数等。区块体数据包括教师培养系统支撑的评价数据、教师专业发展目标达成的评价数据、教师培养效果满意度评价数据等。区块体数据通常是加密的存储数据。

智能合约层主要对智能合约进行封装。智能合约是由计算机记录、处理和执行的合约，通常不依靠第三方的参与和支持就能生成，且合约生成后不能修改。对智能合约的封装主要包括教师专业发展认证合约、招聘合约、考核与评价合约等。

应用层包括四类，即高等师范类专业认证、地方教育行政部门招聘、培训、考核、社会反馈以及中小学教师专业发展与考核。

呈现层即客户端。常见的客户端有手机和电脑。用户通过用户界面进行注册、登录、验证、考核、数据登记、查询及管理。

（三）中国特色高质量教师教育评价体系的数据模型

中国特色高质量教师教育评价体系的数据模型包括培养系统支撑评价链、专业发展目标达成评价链、培养效果满意度评价链。

1. 培养系统支撑评价链

培养系统支撑评价链是促进教师发展的基础。

（1）需要对培养目标进行合理性评价。首先，培养目标需要符合国家的政策要求。其次，培养目标需要满足基础教育改革对教师专业发展的要求。最后，培养目标要符合社会发展对教师的需求。

（2）需要对培养环境进行适切性评价，例如对教师教育师资和其他资源进行评价。教师培养环境涵盖教师职前、入职和职后的所有环境。

（3）需要对培养系统运行开展有效性评价，例如评价培养系统运行的反馈机制及培养系统的持续改进机制。

2. 专业发展目标达成评价链

专业发展目标达成评价链涉及职前的两大目标达成情况与职后的专业目标达成情况。

职前的两大目标达成指的是课程与实践目标的达成以及毕业要求的达成。课程与实践目标的达成分别指课程目标的达成和实践目标的达成。课程主要包括学生在校期间学习的公共课程、专业课程及教师教育课程。相关的实践活动包括教育见习、实习、研习、毕业论文撰写及其他社会实践。课程与实践目标达成情况评价是专业发展目标达成评价链的重点，需注重评价过程的完整与精细。

在毕业要求达成评价方面，师范类专业认证规定了师范生毕业的具体要求，并对合格教师与卓越教师分别提出了不同的标准，尤其针对卓越教师，提出了师德规范、知识整合、教育情怀和教学能力等指标。

职后专业发展评价主要包括师德评价、学科专业知识和技能评价、教育教学实践与研究能力评价、引领教研共同体发展评价等。教师职后的持续发展是教师走向卓越的关键。因此，应当重视职后评价，促进教师评价向前推进。

3. 培养效果满意度评价链

培养效果满意度评价是对培养对象、用人单位、社会相关方的评价，通过结合相关的教师核心素养要求，运用测量工具，采用量化分析和定性评价的方式，得出评价结果。

培养效果满意度评价链涵盖三个方面的内容。

（1）教师的自我评价。包括教师在职前、入职、职后各阶段对自我成长与发展的评价。在评价时，教师对照相关标准进行评价，通过反思进行分析，从而得出评价。

（2）用人单位对教师教学表现的评价。用人单位通常指中小学及地方教育部门，教师在其平台开展教学实践，通过对教师的评价，体现从普通教师向卓越教师转变的过程。

（3）社会相关方对教师教育的评价。社会相关方的代表是学生家长。学生家长通过学生与教师之间的联系，对教师的教学情况、家庭作业辅导情况、班级指导情况、德育活动等进行评价，同时也会提出一些建议，这些都处在培养效果满意评价链上。

第四章

我国卓越小学教师培养的发展历程与特点

小学作为基础教育的起始阶段，其教育质量直接关系到国家未来人才的培养与社会的整体发展。小学教师作为这一关键阶段的引领者与塑造者，其专业素养、教育理念及教学方法直接影响着小学生的成长与成才。因此，探讨我国小学教师培养的发展历程与特点，不仅是对过往教育实践的回顾与总结，更是对未来教育改革与发展的前瞻与规划。

第一节　我国小学教师培养的发展历程与模式变迁

我国小学教师培养经历了从独立封闭的师范教育体系建设、师范教育体系的系统性重构，到开放性教师教育体系的实践探索等发展历程，形成了具有中国特色的现代教师教育体系。

一、我国小学教师培养的发展历程

我国小学教师培养共经历了发端、提升、主流、缓解四个阶段。

（一）发端阶段：中等师范培养阶段

我国的师范教育开始于1896年的南洋公学。成立之初，南洋公学设师范院、外院、中院及上院。

随后，在1902年，著名的教育学家张謇创办了“通州师范学校”，该校成为我国第一所私立师范学校，标志着我国师范教育的开启。

中华人民共和国成立后，大力发展教育事业，党和国家高度重视基础教育，特别关注小学教师的培养，通过改造学校和举办短期培训等方式培养小学教师。之后，由教育部牵头共同推进中等师范学校的教学大纲以及教材编写。

1980年，全国师范教育工作会议上提出了要建立一个健全的师范教育体系。

随后，教育部颁布了《关于办好中等师范教育的意见》和《中等师范学校规程（试行草案）》，这两大文件确定了中等师范学校的性质、学制、任务和课程等内容。

这一时期，中等师范的学制分为两年制和三年制，开设的课程包括专业知识和教学法知识，以及通识性知识。其中，专业知识包括语文、数学等；教学法知识包括小学语文教材教法、小学数学教材教法；通识性知识则包括教育学、心理学等学科。

从1986年开始，中等师范学校进入了以教学为中心的阶段。《中等师范学校教学方案》的颁布使得全国范围内的中等师范学校的教学走向了统一，并强化了文化知识教育。

1989 年，《三年制中等师范学校教学方案（试行）》颁布，该文件要求增加选修课、课外活动和教育实践课程内容，打破了仅有必修课的形式，课程走向多元化，开创了中师教育的新格局。

随着社会的发展，以中等师范为主要培养基地的小学师资不再满足社会发展要求。因此，教育部在 1999 年颁布了《关于师范院校布局结构调整的几点意见》，文件要求充实师范教育资源，调整学校布局，由原来的中等师范、高师专科和高师本科三级师范向高师专科和高师本科二级师范过渡。于是，中等师范学校退出了小学教师培养的历史舞台。

（二）提升阶段：高师专科培养阶段

高师专科培养小学教师的时间可以追溯到 20 世纪 80 年代。从 1984 年到 2003 年是高师专科培养小学教师的阶段，这是我国小学教师培养的提升阶段。不同时期颁布了不同的文件，这些文件推动着小学教师培养的质量不断提升。（见表 4-1）

表 4-1　高师专科阶段的小学教师培养情况

时间	事件	主要内容
1984 年	江苏南通师范学校的实验	开展初中起点“五年一贯制”专科层次的小学教师培养实验
1985 年	上海第四师范学校、北京第三师范学校、南京晓庄师范学校、无锡师范学校、广州师范学校分别开设了大专班	探索专科层次小学教师培养工作
1991 年	国家教委颁布《关于进行培养专科程度小学教师试验工作的通知》	明确规定小学教师培养实行五年一贯制、三二学段制、二年制
1994 年	国家教委小学教师培养模式	推广“学制五年，在全面发展的基础上分科”的培养模式

续　表

时间	事件	主要内容
1995 年	国家教委颁布了《大学专科程度小学教师培养课程方案（试行）》	该方案培养目标是“一专多能”的小学教师，在课程设置上按照全面发展的综合性教育与一门学科基本达到大学专科程度的专业定向教育相结合的原则，由必修课、选修课、教育实践和课外活动组成课程体系
2002 年	教育部颁布的《关于加强专科以上学历小学教师培养工作的几点意见》	正式开启了大专院校培养小学教师的新模式
2003 年	教育部颁布了《三年制小学教育专业课程方案（试行）》	规定小学教师的培养规格：具有较宽厚扎实的文化科学知识和专业基础知识，懂得小学教育教学规律，具有先进的教育思想和进行小学教育科研的初步能力，具备从事小学多门课程教学和课程开发的能力，同时在某一学科方向上有所专长，具有良好的心理素质、健全的人格，身体健康，具有一定的艺术修养和艺术鉴赏力

（三）主流阶段：高师本科培养阶段

随着市场经济的发展，人们的物质生活得到极大的提升。人们也意识到知识的重要价值，因此，人们对教育越来越关注，并希望自己的子女能受到良好的教育，于是人们开始对基础教育有了更高的要求。同时，这一时期，基础教育对小学教师的师资有了更高的要求。高职本科培养小学教师的阶段到来。

1998 年，南京师范大学晓庄学院成立，并在同年的 9 月招收了第一届教育学小学教育方向的本科生，开创了我国师范教育“培养本科学历小学教师”的先河。

1999 年，教育部批准上海师范大学、东北师范大学、南京师范大学、杭州师范学院四所院校试办本科小学教育专业。

2002 年，小学教育本科专业开始列入教育部设置的本科专业目录中。这也标志着小学本科教师培养正式纳入高等教育体系中，成为培养小学教师的主要渠道。这一年还出台了《关于加强专科以上学历小学教师培养工作的几点意见》，文件指出要积极探索专科以上学历小学教师的培养模式，实行三年专科教育和四年本科教育，成为我国培养专科以上学历小学教师的主要形式。

（四）小学全科教师阶段：本科、硕士培养阶段

进入21世纪，城乡之间的发展差距逐渐加大，教育公平也成为教育领域亟待解决的问题。尤其在广大农村地区，小学的师资不足、数量匮乏，小学教师的素质偏低、知识老化、观念陈旧，这些都制约着农村教育的发展。地方及国家层面通过推出计划及颁布文件，全面推动小学全科教师的培养。（见表4-2）

表4-2　我国小学全科教师培养的基本情况

时间	事件	主要内容
2006年	湖南省率先实施农村小学教师公费定向培养专项计划	为农村培养五年制专科层次的小学教师
2008年	湖南省为了解决农村小学师资的问题	实施了高中起点本科层次小学教师公费定向培养计划
2010年	湖南省为了解决农村小学师资的问题	实施了初中起点本科层次小学教师公费定向培养计划
2011年	先后颁布了《教育部关于大力推进教师教育课程改革的意见》《教师教育课程标准（试行）》《小学教师专业标准（试行）》	要以“育人为本，实践取向和终身学习”理念为指导，优化教师教育课程结构，科学设置小学教师的课程结构
2012年	教育部联合五部委颁布的《关于大力推进农村义务教育教师队伍建设的意见》	肯定了小学全科教师培养的举措，并指出要进一步扩大小学全科教师的培养规模
2014年	《教育部关于实施卓越教师培养计划的意见》	在未来，小学卓越教师领域将重点探索小学全科教师培养模式，培养一批热爱小学教育事业、知识广博、能力全面，能够胜任小学多学科教育教学需要的卓越小学教师

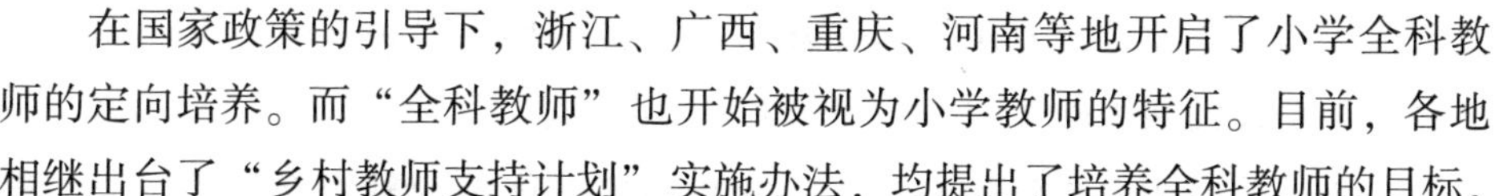

在国家政策的引导下，浙江、广西、重庆、河南等地开启了小学全科教师的定向培养。而“全科教师”也开始被视为小学教师的特征。目前，各地相继出台了“乡村教师支持计划”实施办法，均提出了培养全科教师的目标。

二、我国小学教师培养的模式变迁

由于我国各地小学教师的培养在不同时期的目标、规格和招生对象上存在差异，因此产生了多种培养模式，包括中等师范培养模式、专科培养模式、本科培养模式和全科培养模式。

（一）中等师范培养模式

中等师范培养模式可以概括为以胜任为主、一专多能。中等师范主要招收初中毕业生，经过三年的培养后成为一名小学教师。中等师范注重培养师范生的综合素质，在培养过程中非常重视与教师相关的专业技能训练，不分专业。这种培养模式培养出的师范生道德品质高尚、综合素质较高，动手和操作能力较强，教学基本功非常扎实，体现了“一专多能”的特点。

中等师范的培养要求是使学生掌握从事小学教育教学工作所必备的文化知识、技能和基本能力，了解小学教育教学的基本规律。培养的最终目的是成为合格的小学教师。中等师范的培养目标非常清晰，属于技术型的教师教育培养模式，以胜任为目的，让师范生具备教什么和如何教的能力。然而，中等师范也有不足之处，由于其目标设定层次较低，缺乏深入挖掘学科知识的能力，对所教授的学科缺乏系统研究，因此师范生知识积累不足、后续的发展潜力不足。同时，教师能力的不足也直接影响着国家的教育事业。

中等师范小学全科教师的存在有着深层次的原因，我国教育起步较晚，且农村人口基数大，过去一段时间内，小学教师处于奇缺状态，因此出现了一个小学教师身兼数科的现象，常见的“包班制”和“复式教学”便是其代表。

（二）专科培养模式

专科培养模式的特点可以概括为分科培养、学有专长。随着社会的发展，专科培养模式逐渐出现。2003 年，教育部颁布了《三年制小学教育专业课程方案（试行）》，文件中明确提出了“全面发展，学有所长”的小学教师培养规格。专科培养模式对小学教师在某一学科上提出了较高的要求，同时也兼顾了小学教师知识面要广，综合能力要强的特点。

专科培养模式主要依靠专科师范院校完成，这种专科培养模式在一定程度上延续了中等师范的“一专多能”传统，但与中等师范相比，此阶段的师范生实现了学历与能力的双重提升。

在小学教师专科培养实践的过程中，逐渐形成了三种学制。第一种是五年一贯制，招生对象为初中毕业生，在学校学习五年，最早在南通师范学校实验。第二种是三二分段制。也就是先由中等师范培养三年，经过中等师范标准后再进入两年的专科学习。第三种是两年制，招生对象为高中毕业生，在学校学习两年。

经过实践，五年一贯制和三二分段制取得了不错的效果，既考虑到小学教师的专业提升，又兼顾了小学教师各项素质的培养，突出了师范性与综合性，使师范生的素质及能力都有所提升。

（三）本科培养模式

本科培养模式的特点可以归纳：综合培育与专项发展。各师范学校根据自身特点制定了不同的培养模式。（见表 4-3）

表 4-3　不同师范院校的培养模式

模式	院校	内容
综合培养与分向选修	南京师范大学	综合培养重点是提升学生的综合素质以及应具备的专业水平。分向选修是在学习了两年综合课程后，选修课程及其他课程，进一步发展专长
	上海师范大学	上海师范大学也采用该模式，但与南京师范大学有所区别。综合培养方面注重培养热爱小学事业的情感，打下扎实的文化基础知识，强化教学技能，促进德智体美劳全面发展。另外，在能力方面，培养学生的素质教育能力和创新精神。分项发展主要在文理科中进行大科类选择，目的是适应新世纪的初等教育改革与发展需求，最终培养成能胜任小学教育的人才，并具备一定科研能力的高素质人才

续　表

模式	院校	内容
综合培养与学有专长结合	首都师范大学	综合培养上强调全面提高学生的综合素质，强调本科专业水平的综合体现。学有专长则是学生根据兴趣爱好选择一个感兴趣的学科方向，如小学语文、小学数学、小学英语等。

本科培养模式的不足之处在于学科课程在所有课程中所占的比例较高，而教育理论与实践类课程的比例较低，这不利于师范生教育质量的提升。

（四）全科培养模式

全科培养模式的特征概括为跨科培养与融合发展。全科教学兴起于 20 世纪 80 年代，最早由杭州大学教育系探索，开展了为期两年的“小学低年级包班教育实验”，开启了最早的全科教学探索。“小学低年级包班教育实验”招收的对象是受过中等师范及以上教育的学生，因此该实验属于中专层面上的全科教学。各大师范院校都进行了尝试，探索出了不同的培养模式，例如首都师范大学与华南师范大学的分方向培养模式、上海师范大学的大文大理培养模式、南京师范大学的先通识后方向培养模式，以及杭州师范大学的“综合+专长”培养模式。这四种培养模式都是学科本位模式，但由于属于发展初期，各项发展不够健全，离全科型小学教师的目标较远。

由于全科培养已成为教师教育发展的潮流，不同的区域开展了区域性的探索。重庆地区实施“3+1”培养模式，即在高等师范院校学习 3 年后，再到学校进修 1 年。在高等师范院校学习的第一年主要关注通识知识，第二年在强化学科间联系的同时深化学科内容。第三年主要培养学生的教学技能，促进教学特色的形成，第四年则着重于教学实践和教学反思。

广西地区实施全科培养模式，主张不分科，既不按语文、数学等专业分类，又不划分文科和理科。开设的课程包括通识课程、专业基础课程、教师教育课程、专业课程和实践课程，在培养过程中强化师德师风及习惯养成教育，特别注重师范生在体育、音乐、美术等方面素质的提升。

浙江地区实施了“335”培养模式，第一个“3”指的是三全培养思路，即全科培养、全程实践和全面发展。第二个“3”指的是实现三大教育目标——专业情感深厚、专业知识广博和专业能力全面。“5”则指的是五大专业能力的培养，包括教育教学能力、组织管理能力、活动指导能力、教学研究能力和学习创新能力。

洛阳师范学院的“综合培养+学科特长+实践教学小班化”培养模式强调在全科基础上去选择文科和理科，并从体育、音乐、美术中选择一项艺术技能。同时，学院在培养的过程中注重结合时代潮流，引入信息技术能力的培养。同时，其大部分设置符合农村教育的需求。

小学全科教师培养模式虽然不同，但它们有一些共性，体现在课程设置、培养方向、培养机制和出发点上。

在课程设置上，结合高等教育的共性、高师教育的个性以及小学全科的特性，构建涵盖通识课程、专业课程、教师教育课程和实践课程组成的课程体系。

在培养方向上，按照本科定位、全科定性和小学定向的宗旨，要求师范生具备广博的专业知识背景以及专业适应能力。

在培养机制上，这些模式都在探索高等院校、地方政府、教学研究机构及一线实践基地学校的 U-G-L-S 教师培养新机制。

在出发点上，围绕小学生身心发展的特点，构建综合课程模块，如语文+社会+艺术、语文+数学+X，以及班主任工作+儿童心理学等。

第二节　我国高校小学教师培养的基本特点

我国各高校为了实现“卓越教师培养计划”提出的目标，进行了一系列的尝试，为培养师德高尚、专业基础扎实、教育教学能力和自我发展能力突出的高素质专业型中小学教师做出大量的实践与探索。总结目前各高校的卓越教师培养模式及成果，可以得出我国各高校卓越小学教师培养具有以下特点。

一、培养模式的多样化

为了实现“卓越教师培养计划”的培养目标，各高校尝试了不同的培养模式，呈现出培养模式多样化的特点。(见表 4-4)

表 4-4　各高校人才培养模式

高校	人才培养模式
吉林师范大学	“2+4+2”人才培养模式
黄冈师范学院	“四段四双”全程教育临床的培养模式
西华师范大学	“两段两环”卓越教师教育培养模式
洛阳师范学院	“1+3+2”卓越教师培养模式

（一）“2+4+2”人才培养模式

吉林师范大学依托数学与应用数学国家一流本科专业建设点、国家特色专业、省特色专业、省品牌专业、省级高校人才培养模式创新实验区等优势，从 2012 年开始实施卓越人才培养计划。“数学卓越教师”试点班经过不断探索，形成了“2+4+2”人才培养模式。

师范生在大学一年级时，统一修数学专业基础课，同时提升通识素养及人文素养，注重知识素养、人文素养、科学素养、艺术素养及外语能力的提升。大一结束之后，学生可以自主决定是否申请加入“数学卓越教师”班。学院对参加报名的学生进行选拔，主要考查学生在第一学年的两个学期的基础知识掌握情况，也会进行综合素质的测试。考查的形式包括笔试和面试，最终会选拔30名基础知识扎实、综合素质高并立志从事数学教育事业的学生进入“数学卓越教师”班。

大二、大三的学习由配班“班主任”负责学生知识结构的搭建、教育情怀的深化，以及综合素养的提升。“班主任”一般由学院业务能力扎实、教育情怀高、管理能力强的教师担任。这一时期学习的课程内容包括主干课内容、教师教育教学技能实训、中学与大学衔接知识的学习、教育实践创新能力，以及综合文化素质培养。到大学第四年，学生将在双导师的指导下进行教育实习和毕业论文的写作与答辩，这一时期的能力提升包括教育教学能力和教育教学研究能力，同时需要强化师德，坚定职业理想。

（二）“四段四双”全程教育临床的培养模式

2012年，黄冈师范学院启动了卓越教师计划，经过不断实践，形成了“四段四双”人才培养模式，该模式以教育能力突出为专长，受到招聘单位的好评。

所谓“四段”，指的是大一的奠基阶段，主要培养师范生的基本技能。大二、大三主要是师范生核心能力的形成阶段，训练的内容包括教育理论、教学技能、才艺特长的学习及训练。大四分为两段：第一个学期开展教育实践阶段，主要形式包括顶岗实习、以赛促练、农村支教等；第二个学期是反思提升阶段，主要内容是教育研究与反思以及就业面试的相关训练。

“四段”培养模式，遵循了教育观摩、体验实际、实训作业、实习实践和反思提升的实践能力形成的基本规律，构建了内容梯度递进的实践教学环节，把“全程教育临床”理念落到实处。

创建了“四双”保障体系，即双建制班资源共享、双模块课交叉实施、双导师制全程指导、双基地练强化实践。创设了丰富多样的学习资源，营造了多科融合的学习环境。

（三）“两段两环”卓越教师教育培养模式

在国家启动“卓越教师培养计划”之前，西华师范大学就启动了“优秀园丁教育培养计划”，在汉语言文学、数学与应用数学、英语这三个专业进行试点。2015 年，西华师范大学以“优秀园丁教育培养计划”为基础，全面开展卓越教师的培养。

在实施过程中，西华师范大学逐渐探索出“两段两环”的卓越教师培养模式。所谓两段指的是本科和研究生两个阶段，两环指的是职前培养与职后培训两个环节，其中两段强调贯通，两环强调双向的互动。在培养、培训、研究和服务运行过程中，实现团队、课程、问题、活动的“四个融合”，有效解决教师教育“三脱节”问题，实现未来名师在培养、工作和在职培训环节的无缝衔接。

西华师范大学还与部分中小学建立见习基地，开展跟班见习。这样，师范生在非教育实习阶段也能走出校门，直接参与到中小学课程教学与教学管理中。另外，西华师范大学还邀请中小学校长、教育科学研究专家、特级教师等，开办基础教育论坛讲座，从而获得基础教育改革的前沿信息，不断改进教学方法，提升学生的核心竞争力。

（四）“1+3+2”卓越教师培养模式

洛阳师范学院探索出卓越教师培养的“1+3+2”培养模式。其中的“1”，指的是一个核心，即培养适应当地基础教育发展的卓越教师以及领军人物。“3”指的是三个对接，即课程体系与学科专业的对接、课程体系与基础教育新课程改革要求的对接、课程体系与教师职业能力标准的对接。“2”指的是两个平台，即高校与中学建立的点对点双向互动远程教育见习实训平台，以及点播式数字化课程教学资源库平台。

另外，一些高校的卓越教师培养尝试本硕一体化或者本硕博一体化的培养模式，该模式认为本科阶段的主要任务是学生教育学知识和学科教学技能的学习，硕士阶段主要培养学生的学术研究和教学能力等。例如，南京师范大学“地方高师本硕贯通”模式、山东师范大学“实践取向本硕一体化的卓越中学化学培养研究与实践”培养模式，以及湖南师范大学的“4+2 本科—教育硕士一体化”培养模式。

二、课程设置是重点

在卓越教师培养过程中，课程设置是一个重要的环节，也是实现卓越教师培养目标的保障。在课程设置中，既要考虑课程的全面性，又要考虑各类课程在整个课程体系中的比例，例如淮阴师范学院的课程体系。

为了培养多能型的卓越小学教师，淮阴师范学校的小学教育专业提出了“德智体协调、文理艺渗透、教学做合一”的人才培养理念，努力培养多科多能型的卓越小学教师。所谓多科，指的是学生需要掌握不同学科的知识，并具备不同学科的整合能力，以适应小学的多科教学以及综合课程的教学。所谓多能，指的是不仅要具备基本的教育教学能力，比如教育教学设计能力，组织与实施能力、激励与评价能力，还要具备其他能力，比如研究能力、沟通能力，以及与儿童的亲和力等。

淮阴师范学院以“大平台+小模块”为基本特征，构建了“跨学科、厚基础、重选择、强实践、国际化”的课程体系，涵养富有特色的课程文化。

整体的课程分为通识通修平台、学科专业平台、教师教育平台、集中实践环节和素质拓展环节五部分内容。(见表 4-5)

表 4-5 淮阴师范课程平台及具体课程

课程平台	具体课程
通识通修平台	公共基础课程必修、通识指定选修、通识任意选修
学科专业平台	通修课程（必修+选修）、主修课程（科学+道德与法治）、辅修课程（必修+选修）
教师教育平台	心理学类基础课程（必修+选修）、实践类基础课程（必修+选修）、学科教育类基础课程（必修+选修）
集中实践环节	教师通用职业技能、学科教育技能、教育见习/教育实习/教育研习、学年论文、毕业论文（设计）
素质拓展环节	军训、社会实践、社团活动、文化素质讲座、基础必读书、创新创业实践

在“跨学科”发展方面，该校注重拓展小学教育专业的学科范围，致力于培养主动、全面、健康发展的小学师资，涉及小学语文（数学）、道德与法治、科学、艺术、综合实践活动等多科多能型人才，提高毕业生对多学科教学的适应能力。

“厚基础”则包括为学生人文精神与科学精神的培育奠基，为专业课程的学习奠基，各专业课程自身强调基础类内容、重视学生的“三字一话”等教学技能训练，为学生的专业技能和教育教学能力奠基。

为了满足学生差异化的兴趣，该校针对学生个性化需求，注重体现自主选择及“以生为本”的理念，在设置课程时凸显课程选择的自主性和多样性。

此外，该校还构建了“三能四习”一体化的教师教育实践课程体系。“三能”指教师通用技能、教师专业技能和实践创新能力等三个方面的能力培养课程，“四习”指演习、见习、实习、研习四个循序渐进的教育实践环节。学校不仅设立专门的集中实践环节，还加强部分理论课程的实践化改造。

为进一步促进小学教师的“国际化”发展，该校以国际视野确定卓越小学教师培养的标准、内容等，确保其具有国际化的适应能力。同时，推进国际合作办学与学生国际交流项目，拓宽学生的国际视野，提升卓越小学教师培养的内涵与品质。

一些学校根据自身的情况进行了调整，有些为了达到理论与实践的平衡，尝试减少了一些课程的总课时量，如教育学、心理学等，增加了教育类课程的种类以及课时比重。部分学校增设了实践类课程的课时，如案例教学、微格教学、技能训练、教师口语等。有些学校增加了微格教学的课时，导向实践性强的课程。有些学校鼓励学生参与课程建设，如开展视频案例教学、文献选读、教育生活史研究、教育叙事研究等。有些学校适当降低了学术性强的课程的课时及难度，将部分必修课程转变为选修课程，加大了学生选修课程的自由度。

三、强调实践环节

传统的教师教育实行理论教学与实习实践相结合的培养模式，师范生的理论学习多集中在前三年，学习完理论课程后会在大三下学期或者大四进行实习。这种模式促使师范生将所学的理论知识转化为实践能力，对提升师范生的专业水平与专业能力有一定的作用。但也暴露出一些问题：如学生的理论与实践本来是同步的，先理论后实践容易造成二元对立；再如，大学教师的指导与实习基地学校教师的指导在一定程度上是分离的，未能形成合力；此外，师范院校未与地方政府及中小学实习基地形成配合，致使师范院校处于封闭、单一的培养模式，不利于教师的发展。

针对以上问题，2011 年教育部颁布了《关于大力推进教师教育课程改革的意见》，指出要强化教育实践环节，加强教育见习，师范生到中小学和幼儿园教育实践不少于一个学期。为加强实践环节，“卓越教师培养计划改革项目”中有20多个项目是关于“教育实践”探索的，如河北师范大学的实践型教师教育；陕西师范大学侧重实践取向的本硕一体化卓越中学生物教师培养模式；首都师范大学开展的“4+6”实习等。

在理论教学阶段，部属师范院校在课程设置过程中，将实践导向作为课程开设的重要依据。以下是部分部属院校开设的实践导向教师教育课程。

北京师范大学开设的课程包括现代教育技术基础、多媒体教学课件设计、学科教材分析、基础教育课程改革理论与实践、科研训练与创新活动、职业信念与养成教育。

东北师范大学开设的课程包括学科课程标准与教材研究、现代教育技术、教育研究方法、教师职业技能训练、班主任工作、课堂管理、学校心理咨询。

华东师范大学开设的课程有教育研究与拓展、信息化教学设计与实践、教师口语、微格教学、学科教材设计与教材研究。

华中师范大学开设的课程有现代教育技术应用、教师语言、教学技能训练、书写技能、课程与教材研究、各学科教学设计。

西南大学开设的课程包括口语能力训练、心理教育能力训练、书写能力训练、技术应用能力训练、音乐基础能力训练、教学能力综合训练、美术基础能力训练、课程教学技能测试。

陕西师范大学开设的课程包括现代教育技术、教育研究方法、基础教育课程改革专题、教育政策法规、学科教材分析与教学设计。

第三节　目前我国卓越小学教师培养的典型案例介绍

我国卓越教师培养的步伐在加快，许多院校不断探索卓越小学教师的培养方案，无论是职前的卓越小学教师培养，还是培养方案的制定，抑或是职后的在岗培训，都是卓越小学教师培养的有益尝试，为卓越小学教师的培养提供了创新的方向。

一、首都师范大学初等教育学院卓越小学教师培养课程体系

为了落实小学卓越人才培养工程，全面提升高层次人才自主提升的质量及水平，更好地促进学生成长与成才，首都师范大学初等教育学院进行了书院制改革，形成了全科型卓越小学教师培养的新模式。首都师范大学于 2021 年成立了敬修书院，旨在总结小学教师培养经验，挖掘新的小学教育思想、理论及实践方法，为全国小学教师教育提供示范性和参照性的经验。紧接着，在 2022 年，首都师范大学新增了伯良书院实验班，目的是探索创新小学科学教育人才培养的新模式。目前，初等教育学院已经建立起多维度、多层次、立体化的课程体系。

初等教育学院的课程分为三类：学院制课程体系、主兼多能课程体系、全程实践课程体系。

（一）学院制课程体系

书院制课程体系旨在培养全科型卓越小学教师，其培养重点在于基础知识、学科绩点及教育家精神。在大学一、二年级通常不分专业方向，以通识教育和专业基础教育为重点，大学三、四年级开始进入专业方向课程的学习及研究。学生在校期间的课程主要包括思想政治理论课程、书院特色课程、通识教育课程、儿童教育课程、学科方向课程及实践与研究课程。敬修书院主修中文、英语、德育方向的课程，伯良书院主修数学、科学教育及信息科

技方向的课程。

大学一年级到三年级开设的主要课程（见表4-6）如下：

表4-6　初等教育学院一、二、三年级开设的课程

课程板块	具体课程	年级
思想政治理论课程	马克思主义基本原理概论、毛泽东思想和中国特色社会主义理论体系概论、习近平新时代中国特色社会主义思想概论、中国近现代史纲要、思想道德修养与法律基础、形势与政策	一、二、三年级
书院特色课程	人文与社会、科学与自然、艺术与审美、教育与教师等系列课程模块	一、二年级
通识教育课程	大学英语、大学体育，以及人文精神与社会认知、科学精神与自然关怀、艺术修养与审美体验、语言艺术与文化交流、身心健康与职业发展、教育理解与教师素养等系列课程模块	一、二年级
儿童教育课程	儿童研究、心理研究、特殊儿童教育、教育理解、专业发展。例如，儿童生理与卫生学基础、儿童发展、儿童权利与保障、儿童需要与表达、教育心理学、初等教育学、小学班级管理、小学教师专业发展、小学教育研究方法、教师职业道德等	一、二、三年级

大学三、四年级主要的课程（见表4-7）如下：

表4-7　初等教育学院三、四年级主要课程

书院	课程方向	课程板块	具体课程
敬修书院	中文方向	学科基础类	古代汉语、中国古代文学、文本解读与文学鉴赏、写作基础与儿童文学创作
		学科课程与教学必修课	小学语文课程标准与教材分析、小学语文教学设计与实施
		学科方向拓展类	中国文化概论、小学语文阅读教学研究
	英语方向	学科基础类	高级英语、小学英语教师口语、儿童英语文学选读
		学科课程与教学类	小学英语课程标准与教材分析、小学英语教学设计与实施
		学科方向拓展类	英语歌曲与游戏、英语测试、第二语言习得等

续　表

书院	课程方向	课程板块	具体课程
敬修书院	德育方向	学科基础类	政治学概论、法学概论、中国特色社会主义法治思想、国际德育发展专题
		学科课程与教学类	道德与法治课程标准与教材分析、道德与法治教学设计、少先队活动的组织与指导
		学科方向拓展类	小学品德课优质课品评、生命教育课程与教学等
伯良书院	数学方向	学科基础类	高等数学、线性代数、概率统计、现代数学概论
		学科课程与教学类	数学游戏、小学数学研究、小学数学课程与教学论、小学数学教学案例研究
		学科方向拓展类	数学教育技术、小学数学教学技能
	科学教育方向	学科基础类	大学物理、大学化学、生物学、地球科学、科技设计与制作、科学实验研究
		学科课程与教学类	小学科学学习心理学、小学科学教学设计与实施
		学科方向拓展类	计算机模拟与工程应用
	信息科技方向	学科基础类	大学物理、大学化学、生物学、地球科学、科技设计与制作、科学实验研究
		学科课程与教学类	小学信息科技课程标准与教材分析、小学信息科技教学设计与实施、小学信息科技创新实践活动
		学科方向拓展类	小学信息科技教学案例赏析、多媒体技术

初等教育学院书院制的实践与研究课程贯穿于大学一年级到四年级，包括的课程有教育见习、教育实习、科研创新与毕业论文、专业实践、教育实训与社会实践、艺术实践社团活动等。

（二）主兼多能课程体系

主修多能课程体系开设的目的是培养综合型卓越小学教师，重点培养学生的教育家精神。其课程包括政治理论课程、儿童教育课程、通识课程、专业方向课程（包括主教学科和兼教学科两类）、实践与研究课程等。该课程体系注重课程的一体化建设，突出小学教育专业中文、数学方向及艺术类专业特点，彰显卓越小学教师培养的理念。

主兼多能课程体系的课程（见表4-8、表4-9）如下：

表4-8　初等教育学院主兼多能课程体系一、二、三年级主要课程

课程模块	具体课程	年级
思想政治理论课程	马克思主义基本原理概论、毛泽东思想和中国特色社会主义理论体系概论、习近平新时代中国特色社会主义思想概论、中国近现代史纲要、思想道德修养与法律基础、形势与政策	一、二、三年级
通识教育课程	大学英语、大学体育，以及人文精神与社会认知、科学精神与自然关怀、艺术修养与审美体验、语言艺术与文化交流、身心健康与职业发展、教育理解与教师素养等系列课程模块	一、二年级
儿童教育课程	儿童研究、心理研究、特殊儿童教育、教育理解、专业发展。例如，儿童生理与卫生学基础、儿童发展、儿童权利与保障、儿童需要与表达、教育心理学、初等教育学、小学班级管理、小学教师专业发展、小学教育研究方法、教师职业道德等	一、二、三年级

表4-9　初等教育学院小学教育专业方向和艺术类专业方向主要课程

方向	课程模块	具体课程	年级
小学教育专业方向	小学教育（中文，师范）	现代汉语、古代汉语、中国现当代文学、中国古代文学、外国文学、儿童文学概论、文本解读与文学鉴赏、写作基础与儿童文学创作、汉字学与识字教学、小学语文课程标准与教材分析、小学语文教学设计与实施	一、二、三、四年级
	小学教育（数学，师范）	概率基础、高等代数、空间解析几何、数学分析、初等数论、基础统计学、数学简史、小学数学研究、小学数学教学案例研究、小学数学课程标准与教材分析、小学数学课程与教学论等	

续　表

方向	课程模块	具体课程	年级
艺术类专业方向	美术学（初等教育，师范）	艺术概论、中国美术史、外国美术史、色彩、素描、中国画、书法基础、设计基础、速写、儿童视觉艺术表现、数字绘画与设计、小学美术课程标准与教材分析、小学美术学习心理、小学美术教学设计与实施	一、二、三、四年级
	音乐学（初等教育，师范）	艺术概论、乐理和声、曲式、视唱练耳、舞蹈、中国音乐史、西方音乐史、钢琴、声乐、钢琴即兴伴奏、儿童歌曲演唱艺术、舞台实践、合唱与指挥、小学音乐课程标准与教材分析、钢琴编配与弹唱、儿童歌曲创作、小学音乐教学设计与实施	
	书法学（初等教育，师范）	中国古代书法史、中国古代书法理论、楷书、篆书、篆刻、行书、诗词格律与创作、古代汉语、中国古代文学、中国美术史、外国美术史、美术造型基础、书法教育史论、小学书法课程与教学、书法课程资源开发与应用	
小学教育、艺术类兼修	兼教学科课程	小学语文、小学数学、小学英语、小学科学、综合实践活动与劳动教育、小学信息科技、小学美术、小学书法、小学音乐、小学生心理辅导、小学德育与少先队教育、国学经典教育、生命教育与班主任工作、小学教育研究等模块	三、四年级
	实践与研究课程	教育见习、教育实习、科研创新与毕业论文、专业实践、教育实训与社会实践、艺术实践社团活动等	一、二、三、四年级

（三）全程实践课程体系

全程实践课程体系是面向所有师范生开展的实践课程体系，注重高校、小学和社会的协同与融合。主要的实践课程包括教育教学实践、学科专业实践、创新与科研实践、教学技能实训与艺术美育实践、国内外研学实践、社团实践与团队活动等，共同构建全员、全程、全方位的实践课程体系。此外，在开发全程实践课程体系的同时，初等教育学院还与北京市各区的100余所小学合作，建立小学教育实践研究基地，以方便学生开展全程教育实践。

二、中南民族大学教育学院“卓越小学教师实验班本科培养方案”

中南民族大学教育学院的卓越小学教师实验班是以教育学大类专业为基础，面向全校新入学本科生，作为每年招生的综合试点实验班。“卓越小学教师实验班本科培养方案”的内容包括培养目标、培养规格、核心课程和实践教学四个部分。

（一）培养目标

立足于民族地区生源，面向全国小学教育需求，培养具有理想信念、道德情操、扎实学识、仁爱之心，专业基础扎实、综合素质全面、个性特长明显，懂得本民族文化、能开发和有效利用民族特色资源的小学教师，掌握小学数学、语文、英语中的某一学科教育教学知识与技能，承担班主任工作；同时能够承担小学科学教育、小学道德与法治教育、小学综合实践活动、小学生心理辅导、小学艺术教育等学科的教育教学工作，具有人文精神、科学素养、创新能力和发展潜力的新型小学教师。

（二）培养规格

1. 学制

标准修业年限为 4 年，弹性修业年限为 3—6 年。

2. 学位

学生达到毕业要求，授予教育学学士学位。

3. 主干学科

教育学、汉语言文学、数学与应用数学、英语语言文学。

4. 人才培养基本要求

实验班旨在培养新时代卓越小学教师，毕业生应具有人文精神、科学素养、创新能力和可持续发展潜力，具备从事小学学科教育教学、研究和班级管理的素质和能力。为此，既要对学生实施全面发展的综合培养，又要实现在某一领域的专项发展。通过四年的理论学习和实践训练，学生应具备从事小学教育教学、研究和管理的素质和能力。

毕业生应具备以下几个方面的知识和能力：

（1）师德规范。坚持党的领导，拥护社会主义道路，践行社会主义核心价值观，增进对中国特色社会主义的思想认同、政治认同、理论认同和情感认同。贯彻党的教育方针政策，立德树人，学高身正，正己达人。遵守小学教师职业道德规范，学习相关政策法规，具有依法执教意识，立志成为有理想信念、有道德情操、有扎实学识、有仁爱之心的好老师。

（2）教育情怀。具有从事小学教育的专业意愿，认同小学教师工作的价值和专业性，具有积极的职业情感、端正的职业态度、正确的价值观；具有深厚的人文底蕴和科学精神，尊重学生人格，富有爱心、责任心、事业心，工作细心、耐心，成为小学生锤炼品格、学习知识、创新思维、奉献祖国的引路人。

（3）学科素养。系统扎实地掌握小学教育学科的基本知识、基本原理和基本技能，理解小学教育学科知识体系的基本思想和方法。掌握主要教学科目的基本知识、基本原理和技能，并具备一定的其他学科基本知识，对学习相关的科学知识有一定的了解。了解学科整合在小学教育中的价值，了解所教学科与其他学科的联系，以及与社会实践、小学生生活实践的联系。

（4）教学能力。在教育实践中，能够依据所教学科的课程标准，针对小学生身心发展和认知特点，运用学科教学知识和信息技术，进行教学设计、实施和评价，获得教学体验，具备教学基本技能，具有初步的教学能力和一定的教学研究能力。

（5）班级管理。树立以育人为本，德育为先的理念，能够以学生为中心来帮助班级学生发展。了解小学德育的原理和方法，知道如何利用相关德育原理提供有效的方法来激励学生发展。掌握班级组织与建设的工作规律和基本方法，知道如何组建良好的班集体以促进班级学生的发展。掌握科学的工作方法，能够在班主任工作实践中获得积极体验。

（6）综合育人。了解小学生身心发展和养成教育规律，能够运用恰当的方法促进学生的学习和进步。理解学科育人的价值，在教学中，能够有机结合学科知识和技能进行育人活动。了解社会主义核心价值观和学校文化的育人内涵，能够根据学生的年龄和发展阶段，组织相应的主题教育活动。了解教育活动的育人内涵，能够策划和组织相应的少先队活动和社团活动，促进学生全面、健康发展。

（7）学会反思。树立终身学习的观念，善于了解并始终保持关注国内外小学教育的改革发展动态，能够适应时代和教育发展需求，进行学习和职业生涯规划。初步掌握反思的方法和技能，具有一定的创新意识。善于观察小学教学工作中的现象和问题，运用批判性思维方法开展自我反思，进而分析并解决问题。

（8）沟通合作。理解学习共同体的作用，具有大局观和团队协作精神。掌握沟通合作技能，具备小组互助和合作学习体验。

（三）核心课程

核心课程包括普通心理学、教育心理学、教育学原理、中国教育史、外国教育史、教育哲学、课程与教学论，小学数学、小学语文和小学英语基础系列课程。

（四）实践教学

包括教育见习、教育实习、教育调查、服务性教学实践等。

三、北京大学继续教育学院“卓越中小学教师在岗培训”

北京大学继续教育学院经过多年的远程培训和教学研究，逐渐形成了基于教师在岗培训的卓越教师培养方案，为各项目省培养了一批卓越教师，同时为一线教师的专业成长提供了帮助。

“卓越中小学教师在岗培训”以“稳健工作坊，助力专业成长”为核心主题，共分为 11 个阶段，每个阶段需要达成一定的目标任务，确定预期成果。具体的培训阶段如下。

（一）组建工作坊阶段

该阶段的筹备时间为 1—3 个月，要达成的目标任务包括组建工作坊、启动工作坊研修、工作坊主持人初级能力的培养及设计工作坊研修计划。预期成果为工作坊主持人能力有明显提升，各工作坊拟定了研修计划。

组建工作坊分为四个环节：

第一，与省厅联合互动，遴选工作坊坊主和坊员。

第二，分主题组织集中面授，全面提升工作坊主持人的能力，包括网络研修能力、掌握坊内资源建设，以及工作坊组织与管理能力。

第三，开展工作坊凝聚力建设。

第四，北京大学“国培计划”专家团队对各工作坊主持人开展主体遴选与设定，并制订研修计划。

（二）工作坊专题研修阶段

该阶段的时间设定为5—7个月，需达到的目标包括精解每个专题，引导教师深入研究某一具体问题，从而提升教学能力；建设工作坊资源。

1. 预期成果

（1）解决核心问题，掌握解决方法。通过开展不同形式的教研活动，让教师解决至少10个核心教学问题，并探讨出解决这10个核心教学问题的多种方法。

（2）形成书面成果。通过研修活动，形成问题指导集和教学案例集。

（3）构建工作坊资源库。构建工作坊资源库可以通过坊员自荐、坊主推荐、坊主自建等形式实现。

2. 主要环节

（1）研究专题。每个学科设计至少十个专题，然后组织教师进行研究。同时，工作坊主持人组织本坊学院选学北京大学预设课程资源，依据研修主题，分阶段建设本坊资源。

（2）选择专题。北京大学专家团队会提供一些研修专题，坊主可以直接选用，也可以自主设定专题。

（三）问题研究阶段

期限设定为三个月，要达成的目标是结合实际案例，引导教师发现问题、研究问题、解决问题，让教师学会思考，以此提升教学能力。

1. 预期成果

（1）提升问题解决能力，养成思考习惯。主要通过资源学习、教育实践、主题研讨、教学反思、教学研究、梳理成果等，至少解决五个主题，从而提升问题解决能力。

（2）形成核心问题指导集和教学案例集。

2. 主要环节

（1）解决问题并获得方法。要求每个学科设计五个教学问题，每个教学问题提供多个案例，引导教师从案例中总结经验，并提出解决问题的方法，最终形成“提出问题—解决问题”的研究总结。

（2）选择专题。北京大学的专家团队会提出几个教育问题，并向工作坊提供注意事项。坊主可以直接选择相关的教育问题，也可以自定问题。

（四）工作坊主持人能力提升阶段

规定的时间周期为 1 个月，目的是提升工作坊主持人的综合能力。

1. 预期成果

工作坊主持人形成阶段总结与下一阶段的工作坊发展方案。

2. 主要环节

在一年的实践中，主持人在能力上有了明显提升，且养成了研修习惯，并通过了本阶段的培训设计，进一步提升了工作坊主持与发展建设能力。

（五）课改研究阶段

设定的期限为 1 个月。课改研究阶段需要结合国家出台的最新文件，并结合实践案例进行分析，指导教师切实贯彻执行。

1. 预期成果

在研修过程中，可以采用资源学习、教学研究、主题研讨等形式，了解教学新动向，掌握教学新需求，学习如何进行教学和掌握相关技巧。同时，需要生成课改经验成果。

2. 主要环节

课改研究阶段的重点环节是分析课改动态、相应的学校教育和有效教学。例如，分析最新的高中新课标和新高考改革等。

（六）新教材学习

学习的周期为 3 至 5 个月，主要对最新的教材开展教学指导，让教师掌握新教材的变化、立意、知识体系设计和有效教学等。新教材的学习强调解决新教材应用的各种问题，进而提升教学能力。

1. 预期成果

（1）掌握新教材的相关知识及能力。通过解读新教材，开展资源学习、教学实践、主题研讨、教学反思、梳理成果、教学研究等，使教师更全面地认识和掌握新教材，从而解决相关问题。

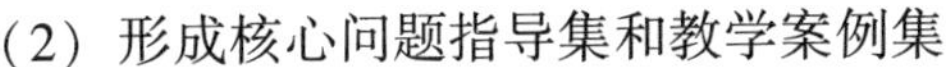

（2）形成核心问题指导集和教学案例集。

2. 主要环节

（1）分析教材、研究教材。在研修过程中，结合新教材的最新内容，尝试分析教材、研究教材，开展有效的教材使用。

（2）预设问题并解决。预设不少于 10 个问题，展开对这些问题的研究并尝试解决，从而生成核心问题和教学案例集。

（七）跨省游学

设定时间为 1 个月。跨省游学阶段强调分主题开展跨省游学活动，实现差异互补和优势共享。跨省游学的形式多样，包括实地考察、教学研讨、名校观摩、专题讲座等。跨省游学还可以与名师面对面，观摩名师、对话名师和挑战名师，从而明确个人成长的方向。

1. 预期成果

进一步探索跨省资源共建共享模式，形成跨省游学专项调研报告，制定名师培养与成长方案。

2. 主要环节

组织教师前往外省，在差异中寻找资源，鼓励教师到相邻的省份、更发达的地区或欠发达地区考察与交流，面对面与名师交流心得与请教。

（八）新技术与新方法学习

设定时间为 2 个月。在新技术与新方法学习阶段，运用当前国内外的新方法与新技术，组织教师到其他工作坊进行学习与交流，以融会贯通，结合自己的教学实际灵活运用，最终提升教学能力。

1. 预期成果

（1）掌握新技术、新方法。教师需要通过资源学习、作品制作、主题研讨、教学实践中的实际应用等研修活动，进一步提高教学质量。

（2）形成核心问题指导集、教学案例集和技术应用作品集。

2. 主要环节

每个学科设计两个学习内容，重点放在如何应用新技术、新方法有效教学。例如，微课的设计与制作学习，以及信息技术与课程教学的整合，解决教学中的困惑和问题。

（九）新课模学习

设定的期限为2个月。新课模学习阶段主要选择国内外产生的新课程模式，组织教师到各个工作坊进行学习和研究，将学到的信息结合自己的教学实际应用于具体课堂中，实现教学能力的提升。

1. 预期成果

理解新课模，并学会应用。运用新课模的某些方法到实际教学中，或采用新课模的某些解决方案开展教学活动。主要的研修活动涵盖资源学习、主体行动及主题研讨，最终形成一批核心问题指导集和教学案例集。

2. 主要环节

观察学科的特点，从众多新课模中选择一个供教师学员学习。

（十）总结与反思阶段

在总结与反思阶段，需要梳理相关的研讨成果，并将成果转化为后续学习，同时努力在教学活动中影响更多的学生。此外，总结与反思阶段还应当明确个人的收获与成长，并规划今后的专业发展。

1. 预期成果

（1）生成分专题的教学问题及解决方案系列材料。

（2）生成分学科优秀案例材料。

（3）生成课程改革经验及教学经验集。

（4）生成个人的变化与成长档案。

2. 主要环节

（1）寻找问题及问题解决方案。收集和梳理研讨过程中的问题及解决方案，形成研究报告或论文。

（2）生成优秀教学案例。涵盖教学设计、微课设计、教学视频等。

（3）梳理和总结教学经验。

（4）对自我收获的概括与总结，以及对之后教学的个人专业成长规划。

（十一）工作坊联动阶段及训后跟踪指导

工作坊联动阶段及训后跟踪指导的时间较长，设定的时间是 1 至 2 年。这一阶段需要推动工作坊长期、有效、稳定地发展。

1. 预期成果

培养优秀的师资队伍，建设优质的课题资源，并进一步扩展优质资源的辐射范围及影响力，充分发挥教学名师及卓越教师的影响力。

2. 主要环节

（1）工作坊开展联动。促进资源共享、差异互补、区域教研。

（2）训后跟踪指导。包括实地指导、资源更新、网络支持。

第五章

新师范背景下卓越小学教师培养体系及实践

新师范教育理念的提出为小学教师的培养注入了新的活力与方向，面对新时代对小学教育提出的更高要求，构建卓越小学教师培养体系显得尤为重要。旨在通过一系列科学、系统的培养措施，培养出既具备深厚专业知识，又拥有先进教育理念和实践能力的卓越小学教师，为我国小学教育的质量提升和长远发展提供坚实的人才保障。

第一节　卓越小学教师培养的课程体系：通识教育+核心素养

课程体系作为连接教育理论与实践的桥梁，不仅承载着学科知识的传授，还蕴含着教育理念、教学方法、教育技能及教育伦理的培育。它如同一幅精密的教育蓝图，规划着小学教师的成长路径，塑造着他们的专业素养与教育情怀。一个科学、合理、富有前瞻性的课程体系，能够为小学教师提供全面而深入的学习资源，帮助他们构建起坚实的学科基础，掌握先进的教育理念，提升教育技能与实践能力，从而更好地适应教育改革与发展的需求，成为新时代教育事业的优秀传承者与创新者。

一、课程在教师培养中的作用

课程体系在小学教师培养中扮演着至关重要的角色，它不仅决定教师培养的质量，还直接影响未来小学教育的质量和效果。以下内容从多个方面详细论述课程体系在小学教师培养中的重要性。

（一）奠定学科知识基础

课程是传授学科知识的主要载体。通过系统的课程设置，学生可以逐步构建起扎实的学科知识框架，掌握学科的基本概念、原理和方法。这些学科知识不仅为学生提供了认识世界、解决问题的工具，还为他们未来的专业发展和终身学习奠定了坚实的基础。

（二）培养综合能力与素养

课程不仅关注学科知识的传授，还注重培养学生的综合能力与素养。这包括思维能力、创新能力、实践能力、沟通能力、团队协作能力等。通过多样化的课程内容和教学方法，如案例分析、项目实践和小组讨论等，学生可以锻炼自己的综合能力，提升解决实际问题的能力，培养创新和批判性思维。

（三）塑造正确的价值观与世界观

课程在人才培养中还具有塑造正确价值观与世界观的重要作用。通过开设思想政治教育、人文社科、自然科学等不同类型的课程，学生可以接触到多元的思想观念和文化背景，学会尊重差异、包容多样性，形成积极向上的价值观和世界观。这些价值观和世界观将引导学生以更加开放、包容和理性的态度面对社会和生活。

（四）促进个性化发展

课程设置的多样性和灵活性为学生的个性化发展提供了广阔的空间。学生可以根据自己的兴趣、特长和职业规划，选择适合自己的课程和学习路径。这种个性化的学习方式有助于激发学生的内在动力，培养他们的自主学习能力和终身学习的习惯。

（五）适应社会发展需求

课程在人才培养中还需紧密关注社会发展的需求。随着科技的进步和社会的演变，新的职业岗位和技能要求不断涌现。课程需要及时更新和调整，以适应这些变化。通过开设新兴学科、跨学科课程和实践课程等，学生可以掌握最新的知识和技能，提高自己的就业竞争力和社会适应能力。

（六）推动教育创新与改革

课程是教育创新与改革的重要领域。通过改革课程内容、教学方法和评价体系，可以推动教育创新，提高教育质量。例如，引入项目式学习和翻转课堂等新型教学模式，可以激发学生的学习兴趣和主动性；建立多元化的评价体系，可以全面、客观地评价学生的学习成果和综合能力。

二、小学教育专业课程体系的基本框架与构成要素

小学教师培养课程体系，作为塑造未来教育工作者专业素养与能力的基石，其设计与构建需遵循教育规律，紧密结合小学教育的实际需求。

（一）普通教育课程

这部分课程旨在拓宽学生的知识面，培养其广泛的兴趣爱好与人文素养。它涵盖了人文科学、社会科学、自然科学等多个领域，如文学、历史、哲学、心理学、数学、物理、化学等。通过这些课程的学习，小学教师可以获得更广泛的文化视野，增强跨学科整合能力，从而更好地理解和引导学生，促进他们全面发展。

（二）专业学科课程

专业学科课程是小学教师培养中的核心部分，直接关联到他们未来从事教学的具体科目。这些课程通常包括小学语文教学法、小学数学教学法、小学英语教学法等，以及对应科目的深层次知识学习，如儿童文学、语言学、数学理论、科学原理等。通过深入学习，小学教师可以掌握扎实的学科知识，理解学科发展趋势，提升教学设计与实施的能力。

（三）教育学科课程

教育学科课程关注教育理论与实践的结合，旨在培养小学教师的教育专业素养。这包括教育学原理、儿童心理学、教育心理学、课程与教学论、教育评估与测量、教育管理与领导力等。通过这些课程的学习，小学教师可以掌握现代教育理念，理解学生心理发展的特点，学会运用科学的教学方法和管理技巧，提高教育教学的有效性。

（四）实践课程

实践课程是小学教师培养中不可或缺的一环，它强调“做中学”，通过教育实习、教育见习、教学案例分析、微格教学等形式，将理论知识转化为实际操作能力。实践课程不仅能够帮助小学教师提前适应教学环境，积累教学经验，还能促进他们对教育理论的深入理解和反思，提升解决实际问题的能力。

（五）选修与拓展课程

为了满足小学教师的个性化发展需求，课程体系中还应包含一定比例的选修与拓展课程。这些课程可能涉及信息技术应用、外语能力提升、艺术修养、体育健康等多个方面，旨在拓宽小学教师的知识边界，增强其综合素质，为成为复合型人才打下坚实基础。

三、通识教育在教师培养中的作用

通识教育在教师培养中扮演着至关重要的角色，它对于提升教师的综合素养、拓宽其知识视野、增强其教学创新能力等方面都具有深远的影响。以下内容详细论述通识教育在教师培养中的作用。

（一）拓宽学术视野与跨学科整合能力

通识课程通过引入广泛的学科领域，如文学、历史、哲学、自然科学、社会科学等，为学生提供了一个全面的知识框架。这种跨学科的学习不仅帮助学生理解不同学科的基本理论和研究方法，更重要的是，它促进了学生跨学科整合能力的培养。在教育领域，特别是小学教育中，教师需要具备将多学科知识融合到教学中的能力，以激发学生的学习兴趣，培养他们的综合素养。通识课程的学习使学生能够更加灵活地运用不同学科的知识和方法，设计出富有创意和实效的教学活动。

（二）提升文化素养与批判性思维

文化素养教育课程，如音乐、美术、文学欣赏等，不仅提升学生的艺术修养和审美能力，更重要的是，它们培养了学生对文化现象的敏锐洞察力和批判性思维。在全球化背景下，教育不再局限于本国文化，而是需要学生能够理解和尊重多元文化。通识课程中的文化内容帮助学生建立开放的文化观，学会从多元视角审视问题，这对于培养具有国际视野和跨文化交流能力的未来教师至关重要。同时，批判性思维的培养使学生在面对复杂的教育问题时，能够独立思考，并做出明智的决策。

（三）强化社会责任感与公民意识

思想政治理论课程以及涉及社会问题的通识课程，如社会学、政治学、经济学等，不仅传授知识，更重要的是通过讨论、案例分析等方式，引导学生思考个人与社会的关系，理解公民的权利与义务，培养学生的社会责任感和公民意识。这种教育对于小学教师尤为重要，因为他们不仅是知识的传授者，还是学生品德形成和社会价值观塑造的引导者。通过通识课程的学习，师范生将学会如何在日常教学中融入社会责任教育，培养学生的公民责任感和参与社会公共事务的意愿与能力。

（四）增强适应性与创新能力

在快速变化的社会和科技环境中，通识课程强调的通识教育和创新能力的培养显得尤为重要。计算机基础与应用、信息技术等课程不仅让学生掌握必要的技能，更重要的是，它们培养了学生的信息素养和创新思维。在信息时代，教师需要具备利用现代技术手段改进教学方法的能力，如数字化教学资源的设计与应用、在线教育的组织与管理等。通识课程中的这些元素为学生未来在教育领域的创新实践提供了坚实的基础。

（五）促进身心健康与全面发展

通识课程中的大学体育课程和心理健康教育等内容，关注学生的身心健康，是实现学生全面发展的重要保障。健康的体魄和良好的心理状态是进行有效学习和工作的前提。通过体育课程，学生不仅能够增强体质，还能培养团队合作和公平竞争的精神。心理健康教育则帮助学生了解自我，学会管理情绪以及处理压力，这对未来教师面对工作压力和学生心理问题时能够采取恰当的策略提供心理支持至关重要。

四、卓越小学教师培养的课程体系建构

教育理念的不断革新和教育技术的飞速发展，对小学教师的专业素养、教学技能及综合素质提出了更高要求。构建一套科学、全面、富有前瞻性的课程体系，以培养具备深厚专业知识、精湛教学技艺、良好师德师风及持续创新能力的卓越小学教师，已成为当前教育改革的重要任务。

（一）培养目标

本专业全面贯彻党的教育方针，坚持立德树人的根本任务，立足陇东、面向甘肃、辐射西北，培养师德素养良好、知识结构合理、乡土情怀浓厚，教学和管理能力突出，精通主教学科，胜任兼教学科教学的小学骨干教师。

学生毕业后五年内，能够达到如下目标。

目标 1：忠于师德

爱国守法，践行社会主义核心价值观；具有良好的职业道德和社会责任感，热爱小学教育事业，对教师职业有强烈的认同感，爱岗敬业，关爱学生，为人师表，能够成为小学生健康成长的指导者和引路人。

目标 2：精于教学

精通主教学科（语文或数学），胜任兼教学科教学工作，包括学科课程标准与教材分析能力、教学设计能力、教学实施和评价反思能力；具备教育教学组织与管理能力，创新意识强，可以熟练运用教育理论、教学规律、信息技术等解决教学实践中的各类问题，初步形成个人教学风格。

目标 3：强于育人

能尊重小学生身心发展的规律和独立人格，充分调动和发挥每个学生的主动性，能结合小学班主任工作、学科教学和校园文化创造性地设计与组织劳动教育和主题教育等综合育人实践活动，具有较强的班级管理能力，形成特色的班级管理风格，成为学生信赖的优秀班主任。

目标 4：敏于发展。

能够对教学活动进行持续深入的钻研与反思，不断改进教学工作。能够以问题导向和任务导向，掌握中外文资料查询及文献检索能力，进行小学教育教学研究，指导学生开展探究性、合作型学习。能紧跟基础教育教学改革的步伐，落实教育教学新理念，不断更新教学方法，提高自身教育教学水平，实现专业提升和自我发展。

（二）毕业要求

根据《普通高等学校本科专业类教学质量国家标准》《教师教育课程标准（试行）》《小学教育专业认证标准》《小学教育专业师范生教师职业能力标准（试行）》，以及社会对小学教师的核心素养要求，制定小学教育专业毕业要求。具体内容如下。

1. 师德规范

热爱祖国，增进对中国特色社会主义的思想认同、政治认同、理论认同和情感认同，自觉践行社会主义核心价值观；能够理解和践行党的教育方针，以立德树人为己任；遵守中小学教师职业道德规范，具有依法执教的自觉意

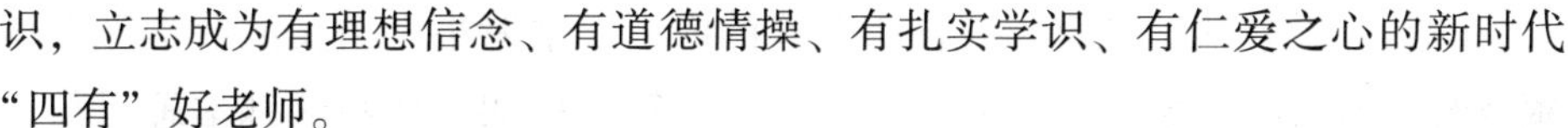

识，立志成为有理想信念、有道德情操、有扎实学识、有仁爱之心的新时代“四有”好老师。

（1）政治素养。积极认同和自觉践行社会主义核心价值观，自觉增进对中国特色社会主义的思想认同、政治认同、理论认同和情感认同。

（2）立德树人。贯彻执行党的教育方针政策，在教育实践中能够以立德树人为己任，以素质教育促进学生全面发展。

（3）师德准则。遵守宪法、教育法、教师法等法律规范，具有依法执教意识，自觉维护师生合法权益；自觉遵守小学教师职业道德规范，立志做有理想信念、有道德情操、有扎实学识、有仁爱之心的新时代“四有”好老师。

2. 教育情怀

具有从教意愿，认同小学教师工作的意义和专业性，具有积极的情感、端正的态度、正确的教育观、教师观与儿童观；具有人文底蕴和科学精神，尊重学生人格，富有爱心、责任心、事业心，工作细心、耐心，做学生锤炼品格、学习知识、创新思维、奉献祖国的引路人。

（1）职业认同。认同小学教师职业，具有从事小学教育工作的专业自觉性和事业心；认识到小学教师工作的意义和专业性，对小学教师工作的意义、价值等有积极的认识和评价。

（2）专业态度。具有丰富的人文底蕴和科学精神，养成积极向上的情感，端正奋发的态度和为促进专业发展而持续努力的行为。

（3）关爱学生。能够正确处理师生关系，尊重学生人格，尊重学生的学习和发展权利及个体差异，对学生富有爱心和责任心，对待工作耐心又细心，乐于为学生成长创造条件和机会。

3. 学科素养

具有一定的人文、自然科学、信息技术等基本素养，掌握主教学科的基本知识、基本原理和基本技能，理解学科知识体系的基本思想和方法。了解兼教学科的基本知识、基本原理和技能，并具备一定的其他学科基本知识，形成综合性的知识结构，对学科相关知识有一定的了解。了解学科整合在小学教育中的价值，了解所教学科与其他学科的联系，以及与社会实践、小学生生活实践的联系。

（1）基本素养。具有一定的人文、自然科学、信息技术等基本素养，形成综合性的知识结构。

（2）主教技能。理解学科核心素养的内涵，掌握小学语文或数学等学科领域的基础知识、基本原理和基本技能，理解学科知识体系的基本思想与方法，形成一门学科专长。

（3）兼教技能。了解小学道德与法治、科学、音乐、体育等兼教学科的基本知识、基本原理和技能，并具备一定的其他学科基本知识，形成综合性的知识结构。

（4）学科综合。了解学科综合在小学教育中的价值，掌握科学、心理学和教育学的基础理论，对学习科学相关知识有一定的了解，初步将小学不同学科与教师教育学科综合；了解所教学科与其他学科的关联，以及社会实践和小学生生活实践的联系。

4. 教学能力

掌握教育理论的基本知识与方法，具有扎实的小学教师职业技能；在教育实践中，能够依据所教学科课程标准与教材体系，具有多学科教学的基本能力；针对小学生身心发展和认知特点，运用学科教学知识和信息技术，进行教学设计、实施与评价，获得教学体验，具备初步的教学能力；熟悉教育教学研究的基本方法，能够从教育实践中发现问题，具备研究意识，形成初步的教学研究能力。

（1）熟悉课标。掌握小学教育教学基本理论；熟悉小学主教学科课程标准与教材，至少了解一门小学其他学科课程教学。

（2）基本技能。具备小学教师基本技能。能够较好地使用口头语言、肢体语言与书面语言，普通话水平达到国家规定的标准；能规范书写钢笔字、粉笔字、毛笔字，具有一定的文字处理能力。

（3）特长技能。能从音乐、美术、舞蹈、书法及体育等课程中选择自己的特长与优势学科，掌握一门特长课程的知识与技能。

（4）评价研究。能针对小学生身心发展和认知特点，灵活使用现代信息技术开展教学设计，具备将现代教育技术手段整合应用到教学中的能力，具备教学设计、教学组织与实施、教学评价与反思，以及初步的教学研究能力。

5. 班级指导

树立德育为先的理念，了解小学德育原理与方法。掌握班级组织与建设的工作规律和基本方法。能够在班主任工作实践中，参与德育、安全、心理健康教育等教育活动的组织与指导，获得积极体验。

（1）德育理念。树立育人为本、德育为先的理念，了解小学德育的目标、原理、内容与方法，能够组织小学德育主题活动。

（2）班级管理。掌握班级组织与建设的工作规律和基本方法，能够在班主任工作实践中，参与德育和心理健康教育等教育活动的组织与指导，学会建立良好的师生关系，帮助小学生建立良好的同伴关系。

6. 综合育人

树立教书育人、育人为本的理念，了解小学生身心发展，并养成教育规律。理解学科育人价值，能够将学科教学有机结合进行育人活动。了解学校文化和教育活动的育人内涵和方法，参与组织主题教育、少先队活动和社团活动，促进小学生全面、健康发展。

（1）掌握规律。树立学生为本的理念，理解小学生身心发展和养成教育的规律，具备教书育人的意识。

（2）学科育人。理解学科育人的价值。能够根据主教学科和兼教学科的教学内容与特点，设计和组织教学活动，恰当地渗透德育内容，有效开展课程思政。

（3）活动育人。形成协同育人的意识，了解学校文化和教育活动的育人内涵及方法，初步掌握在学科教学及班级主题教育、社团活动和少先队活动中促进学生德、智、体、美、劳全面发展的方法，获得综合育人的积极体验。

7. 学会反思

树立终身学习与专业发展的意识。关注国内外基础教育改革发展的动态，了解小学教师专业发展的基本内容，具备自主学习的习惯和自我管理能力；理解并适应时代和教育发展的需求，进行学习和职业生涯规划。初步掌握反思的方法和技能，具有一定的创新意识，能够运用批判性思维分析和解决教育教学实践中的问题，具备独立撰写教育教学研究论文的能力。

（1）发展意识。具有终身学习与专业发展的意识，了解小学教师专业发展的基本内容、阶段特征、基本方法和发展路径。

（2）发展规划。理解和适应时代及教育发展的需求，了解国内外小学教育改革与发展动态，根据时代和教育发展需要，进行学习和职业生涯规划。

（3）反思能力。初步掌握小学教育研究的基本方法和技能，具有一定的问题意识和创新意识，主动对教育教学工作中的现实需求与问题进行探索和研究，形成教学反思和研究能力，能够独立撰写教育教学研究论文。

8. 沟通合作

理解学习共同体的作用，具有团队意识与协作精神，积极开展团队互助与小组合作学习；掌握沟通合作技能，能够与同事、同行进行互动交流，能够与学生、家长及社区有效沟通。

(1) 共同学习。理解学习共同体对促进专业成长的作用，具备团队协作意识，能够开展小组合作互助及学习研讨的能力。

(2) 积极沟通。初步掌握人际交往的沟通技巧，能使用符合小学生特点的语言进行教育教学工作，善于倾听，能与同事、同行互助交流，分享教学经验；能够与小学生、家长、社区进行有效沟通，具备开展家校社合作的基本能力。

(三) 课程体系及学分学时分配

构建科学合理的课程体系与学分学时分配机制，是确保卓越小学教师培养课程顺利实施、促进学生全面发展的基石。通过精心设计的课程结构，不仅能够有效整合资源，还能激发学生的学习兴趣，引导他们在知识的海洋中稳步前行。课程体系框架及学分学时如表 5-1 所示。

表 5-1 课程体系框架及学分学时统计表

课程类别		课程总学分	课程总学时	实践总周数	学时类型		学期、周数、周学时分配							
					理论	实践	一	二	三	四	五	六	七	八
							16	16	16	16	16	16	16	16
通识教育课程	必修课程	36	624		368	256	9.5	7.5	7.5	6.5	6.5	0.5	0.5	0.5
	选修课程	22	352		320	32	4	8	3	4	1	2		
	小　计	58	976		688	288	13.5	15.5	10.5	10.5	7.5	2.5	0.5	0.5
学科基础课程		9	144		144		4	3	2					
专业教育课程	必修课程	32	512		332	180	7	11	8	4	2			
	选修课程	12	192		120	72			2	2	4	4		
	小计	44	704		452	252	7	11	10	6	6	4		
教师教育课程	必修课程	24	384		260	124			1	9	7	7		
	选修课程	8	128		88	40				2	4	2		
	小计	32	512		348	164			1	11	11	9		

续　表

课程类别		课程总学分	课程总学时	实践总周数	学时类型		学期、周数、周学时分配							
					理论	实践	一	二	三	四	五	六	七	八
							16	16	16	16	16	16	16	16
实践教学环节	基础实践课程	7		19										
	专业实践活动	20		42										
	小计	27		61										
合计		170	2336	61	1632	704	24.5	29.5	23.5	27.5	24.5	15.5	0.5	0.5

（四）教学计划进程表

关于卓越小学教师培养课程中通识教育课程的进程表（如表5-2所示）。

表5-2　小学教育专业教学计划进程表（通识教育课程）

课程类别	序号	课程代码	课程名称	课程学分	课程学时	学时类型		考核方式	学期、周数、学时分配							
						理论	实践		一	二	三	四	五	六	七	八
									16	16	16	16	16	16	16	16
必修课程	1	3039101	思想道德与法治	3	48	48		考试	3							
	2	3039102	中国近现代史纲要	3	48	48		考试		3						
	3	3039103	马克思主义基本原理	3	48	32	16	考试			3					
	4	3039104	毛泽东思想和中国特色社会主义理论体系概论	3	48	32	16	考试				3				
	5	3039105	习近平新时代中国特色社会主义思想概论	3	48	48		考试					3			
	6	3039106	形势与政策Ⅰ	0.5	8	8		考查	0.5							
	7	3039107	形势与政策Ⅱ	0.5	8	8		考查		0.5						

续 表

课程类别	序号	课程代码	课程名称	课程学分	课程学时	学时类型		考核方式	学期、周数、学时分配							
						理论	实践		一	二	三	四	五	六	七	八
									16	16	16	16	16	16	16	16
必修课程	8	3039108	形势与政策Ⅲ	0.5	8	8		考查			0.5					
	9	3039109	形势与政策Ⅳ	0.5	8	8		考查				0.5				
	10	3039110	国家安全教育	1	讲座			考查	✓	✓	✓	✓	✓	✓	✓	✓
	11	3019124	大学语文	2	32	16	16	考试					2			
	12	3029128	大学体育Ⅰ	1	32		32	考试	2							
	13	3029129	大学体育Ⅱ	1	32		32	考试		2						
	14	3029130	大学体育Ⅲ	1	32		32	考试			2					
	15	3029131	大学体育Ⅳ	1	32		32	考试				2				
	16	3079132	大学公共艺术Ⅰ	1	16	12	4	考试				1				
	17	3079133	大学公共艺术Ⅱ	1	16	4	12	考试					1			
	18	3159134	军事理论	2	32	32		考查		2						
	19	3159135	劳动教育	2	32	16	16	考查		2						
	20	3029136	大学生心理健康教育	2	32	16	16	考查	2							
	21	3169135	创新创业基础	2	32	16	16	考查			2					
	22	3189136	大学生职业发展与就业指导Ⅰ	0.5	8	4	4	考查					0.5			
	23	3189137	大学生职业发展与就业指导Ⅱ	0.5	8	4	4	考查						0.5		
	24	3189138	大学生职业发展与就业指导Ⅲ	0.5	8	4	4	考查							0.5	
	25	3189139	大学生职业发展与就业指导Ⅳ	0.5	8	4	4	考查								0.5
	小 计			36	624	368	256		7.5	9.5	7.5	6.5	6.5	0.5	0.5	0.5

续 表

课程类别	序号	课程代码	课程名称	课程学分	课程学时	学时类型		考核方式	学期、周数、学时分配							
						理论	实践		一	二	三	四	五	六	七	八
									16	16	16	16	16	16	16	16
选修课程	1	3039111	党史	1	16	16		考查				1				
	2	3039112	新中国史	1	16	16		考查				1				
	3	3039113	改革开放史	1	16	16		考查				1				
	4	3039114	社会主义发展史	1	16	16		考查				1				
	5	3039115	习近平经济思想	1	16	16		考查						1		
	6	3039116	习近平法治思想	1	16	16		考查						1		
	7	3039117	习近平生态文明思想	1	16	16		考查						1		
	8	3039118	习近平文化思想	1	16	16		考查						1		
	9	3039119	习近平强军思想	1	16	16		考查						1		
	10	3039120	习近平外交思想	1	16	16		考查						1		
	11	3039121	习近平总书记教育重要论述	1	16	16		考查						1		
	12	3019111	大学英语Ⅰ	3	48	48		考试	3							
	13	3019112	大学英语Ⅱ	3	48	48		考试		3						
	14	3019113	大学英语Ⅲ	2	32	32		考试			2					
	15	3019114	大学英语Ⅳ	2	32	32		考试				2				
	16	3019115	大学日语Ⅰ	3	48	48		考试	3							
	17	3019116	大学日语Ⅱ	3	48	48		考试		3						
	18	3019117	大学日语Ⅲ	2	32	32		考试			2					
	19	3019118	大学日语Ⅳ	2	32	32		考试				2				
	20	3019119	大学俄语Ⅰ	3	48	48		考试	3							
	21	3019120	大学俄语Ⅱ	3	48	48		考试		3						
	22	3019121	大学俄语Ⅲ	2	32	32		考试			2					
	23	3019122	大学俄语Ⅳ	2	32	32		考试				2				

续 表

课程类别	序号	课程代码	课程名称	课程学分	课程学时	学时类型		考核方式	学期、周数、学时分配							
						理论	实践		一	二	三	四	五	六	七	八
									16	16	16	16	16	16	16	16
必修课程	24	3099125	C 语言程序设计	4	64	32	32	考试		4						
	25	3099126	Python 程序设计	4	64	32	32	考试		4						
	26	3099127	人工智能基础	4	64	32	32	考试		4						
	模块课程	模块一：文史经典与文化传承		2	32	32		考查	1							
		模块二：艺术体验与审美修养		2	32	32		考查		1						
		模块三：哲学智慧与批判性思维		2	32	32		考查			1					
		模块四：社会科学与责任伦理		2	32	32		考查				1				
		模块五：科学探索与科学精神		2	32	32		考查					1			
		模块六：生态环境与生命关怀		2	32	32		考查						1		
	小　计			22	352	320	32		4	8	3	4	1	2		
合　计				58	976	688	288		11.5	17.5	10.5	10.5	7.5	2.5	0.5	0.5

说明：通识教育选修课程中的党史、新中国史、改革开放史、社会主义发展史为四选一课程，习近平经济思想、习近平法治思想、习近平生态文明思想、习近平文化思想、习近平强军思想、习近平外交思想、习近平总书记教育重要论述为七选一课程，大学英语Ⅰ—Ⅳ、大学日语Ⅰ—Ⅳ、大学俄语Ⅰ—Ⅳ为三选一课程，C 语言程序设计、Python 程序设计、人工智能基础为三选一课程，模块课程要求学生至少完成 6 学分。通识教育选修课程要求学生至少完成 22 学分。

第二节　卓越小学教师培养的实践与特色

秉持做精师范教育的办学定位，陇东学院主动适应国家深化教育教学改革、全面提高义务教育质量对教师队伍建设的要求，立足陇东、面向甘肃地区，培养师心坚定、师德高尚、师能卓越、师艺突出的乡村全科小学教师和具有广泛胜任力的复合型小学教师。着力从培养目标、课程教学、教育实践、协同育人、队伍建设等方面探索优化卓越小学教师培养的方法和路径。经过多年的探索与实践，逐渐形成了多科多能型卓越小学教师的培养特色（如图5-1所示）。

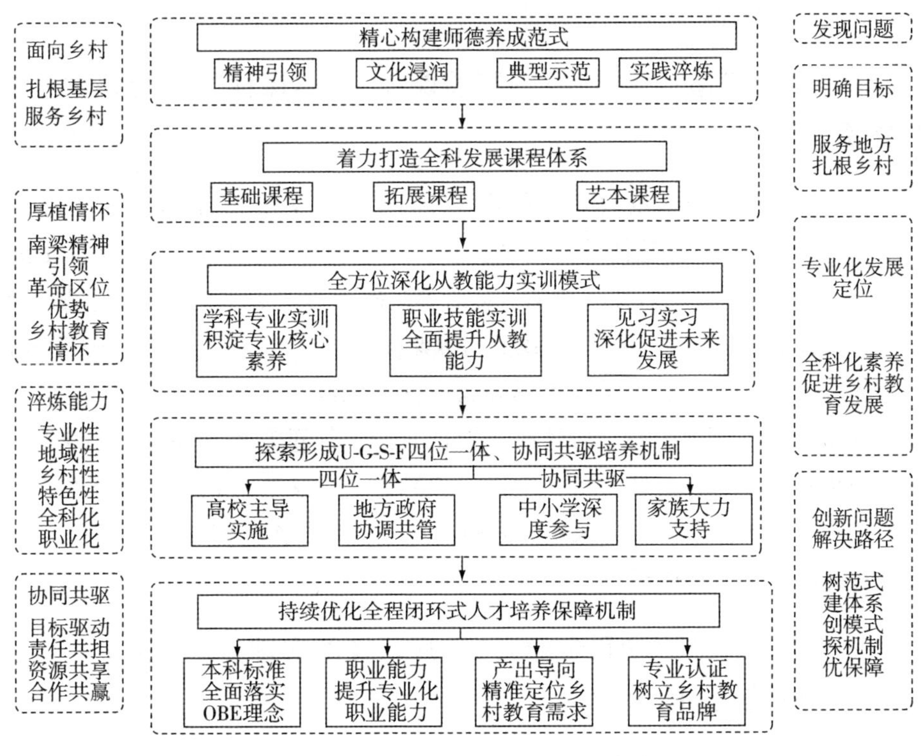

图5-1　卓越小学教师培养的实践框架

一、精心构建“精神引领+文化浸润+典型示范+实践淬炼”的师德养成体系

坚守校园、课堂、基地和社会“四位一体”阵地，发挥学校地处革命老区的区位优势，打造以“面向群众、坚守信念、顾全大局、求实开拓”为主要内容的南梁精神思政育人品牌，培养学生扎根基层、服务乡村的坚定信念；扎根黄土高原，挖掘利用庆阳“农耕之源、岐黄故里、红色圣地、能源新都、数算枢纽”的文化优势和自然禀赋，增强学生扎根乡村的从教情怀；以“中国十大杰出母亲”刘霞、教坛保尔张学成、“南丁格尔奖章”获得者脱亚莉、“全国最美退役军人”张保华等典型引领，培养学生扎根乡村的坚毅品质；利用“南梁革命纪念馆”“抗大七分校”“军民大生产纪念馆”“列宁小学”“习仲勋红军小学”“陕甘红军纪念馆”等红色基地加强实践淬炼，坚定学生扎根乡村的行动自觉。通过信念、情感、意志、行动的养成，涵养学生扎根乡村、服务乡村基础教育的深厚情怀。

二、着力打造“基础课程+拓展课程+艺体课程”的全科发展课程体系

结合乡村小规模学校教师必须胜任各门课程教学任务的实际，着力打造“基础课程+拓展课程+艺体课程”的全科发展课程体系，促进学生全面发展。“基础课程”满足教授语文、数学、英语等基础课程的需求；“拓展课程”旨在培养教授品德、科学、综合实践活动等课程的能力；“艺体课程”满足学生开展体育、音乐和美术等课程教学和组织活动的综合素质需求。课程教学坚持“成果导向、学生中心、持续改进”的理念，注重基础知识、突出学科前沿、强化实践应用。凸显学术、学科、学习的“三学”导向，将学术作为课程的品质和境界，学科作为课程的内涵和特色，学习作为课程的表现和落实，着力打造高质量课程体系。

三、有效实施“学科专业实训+师范技能实训+见习实习”全方位提升从教能力的实训体系

针对乡村小学教师岗位能力要求，有效实施“学科专业实训+师范技能实训+见习实习”的全方位提升能力实训体系。“学科专业实训”以语文、数

学、英语、音乐、体育和美术相应的学科专业为基础的实训；“师范技能实训”以从事教育教学工作应具备的师范技能为基础的实训；“见习实习实训”以胜任实际工作岗位能力为基础的实训。同时制定1—4年级全程实训方案，将实践实训育人贯穿人才培养全过程；制定学科技能竞赛办法，开展学科技能竞赛，激发学生积极淬炼相应的能力；制定小学全科教师教学能力考核与技能测试标准，开展师范生教学能力考评与技能测试，全面提升学生的实践应用能力和岗位胜任能力。

四、探索形成“U-G-S-F”四位一体，多元共驱协同培养机制

按照“目标驱动、责任共担、资源共享、合作共赢”的原则，以提升育人质量和推进乡村基础教育高质量发展为目标，充分发挥U（高校）、G（地方政府）、S（中小学）、F（家庭）各方优势，实施高校主导、地方政府协调、中小学深度参与和家庭大力支持的“U-G-S-F”四位一体协同育人模式，形成联动培养机制，共定人才培养方案、参与课程教学、互聘教师、共建基地、开发课程等深度参与人才培养全过程。

五、持续优化“本科标准+职业能力+产出导向+专业认证”的全程闭环式人才培养质量保障体系

全面落实OBE理念，坚持以培养目标达成度、社会需求适应度、教学资源支撑度、质量保障有效度、学生和用人单位满意度为主线，以学生学习成果为目标，以课程质量、毕业要求和培养目标达成评价为重点，按照校—院—系—专业四级质量监控体系，开展教学督导、学院领导及同行听课、学生评教、教学日常检查与专项检查等覆盖教学全过程的闭环式人才培养质量保障体系，确保人才培养目标的高达成度。

通过多年的实践探索，广大毕业生立志成为新时代乡村卓越教师的理想信念更加坚定，对教师职业的认同感、责任感、使命感明显提升，应届毕业生中选择从事基础教育的学生比例达80%以上。毕业从教能力显著增强，经过三至五年的成长锻炼，大部分已经成为乡村学校的教学骨干。经过反复探索和持续改进，陇东学院小学教育专业人才培养体系更加完善成熟，教师育人水平不断提升，多项成果获省级以上教学科研奖励，专业品牌效应日益显现，小学教育专业被评为甘肃省特色专业和省级一流专业建设点，得到了社会、家长和学生的广泛认同。

第六章

人工智能时代的卓越小学教师培养

人工智能已深度融入人们工作和生活的方方面面。本章将讨论人工智能与卓越小学教师的融合问题，并探讨智慧教育的发展情况。卓越小学教师的培养工作在人工智能的支持下，面临诸多挑战。但我们应当看到，新变化既带来挑战，又带来机遇。在培养卓越小学教师的过程中，如何更好地应对变化，同时坚守教育的本质，是需要重点关注的问题。

第一节　人工智能+教育——智慧教育

人工智能是当下发展的一大潮流，且人工智能与其他领域的结合也越来越普遍，这也昭示着“人工智能+”时代的到来。人工智能+教育的运用与融合产生了智慧教育。

一、智慧教育的定义

智慧教育是以数字化信息和网络为基础，利用计算机和互联网技术对校园里的教学、科学、管理、技术服务、生活服务等信息进行收集、整合、存储、传输和应用，以充分优化和利用数字资源。

智慧教育是在传统校园的基础上构建一个数字空间，包括环境、资源、应用上的全部数字化。因此，智慧教育不仅拓展了教育的时间，还拓展了教育的空间，提升了传统教育的管理效率和运行效率。此外，智慧教育还拓展了传统校园的业务能力，实现了教育的全面信息化，使得教育管理迈入一个新的阶段。

二、智慧教育的应用场景

人工智能在教育行业的价值体现在智慧教育的应用上，这也开创了新型的教育模式。智慧教育结合教育行业的特性，依托本省的关键技术及智慧教育平台，实现了人工智能与教育领域的深度融合，促进了教育信息化的变革。

这里简单介绍几个智慧教育的应用场景。

（一）精准教学

精准教学服务的对象是广大一线教师，其内容涵盖了教学流程的备课、授课、作业、辅导、教研等。依靠智慧教育，教师可以对学生学习情况进行精准分析，获取更精准的教学资源，留存互动数据、智能辅导、课堂录制与分析等，这在一定程度上减轻了教师的教学负担，同时有针对性地解决了一些问题，提升了教学效率。精准教学的平台有腾讯课堂和新东方在线等。

（二）智能学习

智能学习作为一种新型学习模式，为了实现学习目标和优化学习步骤，智能学习提供学习路径规划的业务服务。智能学习的方式多种多样，包括个性化学习、沉浸式学习、协作式学习和游戏化学习等。同时，智能学习还能监测语境学习过程，使学生获得独特的心理感受，这种新型的学习方式形成新型的学习形态。

智能学习最具代表性的产品是百度 VR 智慧课堂，在智慧课堂里，学生不仅能轻松地学习，还获得了良好的学习体验。

（三）智能考试与评价

考试与评价是评估学生学习效果的重要一环，也是学校教学的重要组成部分。一般情况下，考试与评价工作涉及组卷、监考、阅卷、考试分析、综合素质评价等内容，这些内容在没有智慧教育参与前，往往占据教师很长的时间。智慧教育的介入能够帮助教师开展科学、高效的考试与评价，在一定程度上提升智能考试与评价的效率，减轻教师的工作量，让教师拥有更多的时间开展专业发展工作。

当前常用的智能考试与评价软件主要有作业帮，还有其他的阅卷扫描仪。

三、智慧教育的意义

信息化时代促使教育发展到一个新的阶段，智慧教育对传统的教育思想、教育模式、教育理念、教育内容、教育方法、学习内容、学习方式等产生巨大的冲击，从而推动教育的全面改革。智慧教育是全球教育信息化的发展方向，成为当今时代发展的主旋律。当前，全世界都在发展智慧教育，因为智慧教育是对未来教育模式的有益探索，也是引领未来教育模式的新模式，并且还具有强烈的现实需求和技术条件。

技术变革背景下，发展智慧教育具有积极的意义，主要表现在以下几个方面：

（一）促进教育领域的全面改革

当前，我国的教育水平与国家经济社会发展及人民群众对良好教育的要求之间存在矛盾——教育无法满足人们日益增长的教育需求。在教育发展过程中，还存在一系列难题，比如教育观念比较落后，教育内容及教育方法陈旧等。智慧教育的实施能提升教育系统运行的智慧化水平，巧妙地解决教育发展过程中的各种难题，同时也能从问题中找到突破点，带动整个教育系统实现全新的升级。

智慧教育不仅顺应了时代发展潮流，还是教育发展的必然趋势。它是我国教育领域改革的方向，实施全面升级的唯一途径。由于信息技术对教育发展具有革命性的影响，信息技术变革教育的方式已发展为国家性战略，其将引领和推动教育的改革与创新发展。

（二）与国际接轨，促进教育信息化的发展

当前，我国教育信息化水平与发达国家相比存在差距，但教育信息化的部分领域处于领先地位。智慧教育建设将实现与国际接轨，重新塑造我国教育在国际上的影响力，同时提升我国教育在国际中的地位。智慧教育的重要性不仅表现在它是教育信息化发展的新境界，还在于素质教育在信息时代的深化，是培养面向21世纪新型人才的内在要求。此外，智慧教育还将引领我国教育信息化发展的未来方向，推动整个教育事业向前飞速发展。

现在，智慧教育已成为国际社会推动教育信息化的重要一环。智慧教育的不断推进将进一步巩固教育信息化在国家教育体系中的地位。

（三）开展全民终身教育，实现“中国教育梦”

智慧教育已成为全球教育改革的风向标，它面向全体公民，不仅向普通公民提供优质的个性化教育服务，还能满足特殊人群的教育需求。有“中国梦”，也有“中国教育梦”，且“中国教育梦”是有教无类、因材施教、终身学习、人人成才。而智慧教育所拥有的技术优势能实现普遍教育，促使学有所教、有教无类，也能加速学习型社会的建设。

智慧教育进一步推动了国家信息化建设，能很好地转变教育思想和观念，深化教育改革，提升教育质量，优化教育效果，培养更多创新型人才。因此，智慧教育对于实现我国教育的跨越式发展有积极的意义。

第二节　人工智能影响下卓越小学教师培养面临的挑战

人工智能不仅在国内引人注目，还在国际上掀起了改革的潮流，国外正大规模发展人工智能，因为它已经成为提升国际竞争力的新引擎。人工智能作为教育界的一项发展发现，引起了各国政府的高度重视。我国先后颁布了《国务院关于印发新一代人工智能发展规划的通知》《高等学校人工智能创新行动计划》《教育信息化 2.0 行动计划》等文件，明确提出了人工智能在教育领域的应用，因此教育领域迎来了人工智能时代。然而，不得不说，在人工智能的影响下，卓越小学教师的培养也面临着诸多挑战。

一、培养环境受到影响

人工智能时代的到来，给卓越小学教师的培养环境带来了显著的影响，主要带体现在以下几个方面。

（一）学习内容上的影响

在传统师范模式下，师范生需要掌握学科知识、教育学知识及心理学相关知识，并推进理论向实践的转化以形成一定的能力。在智能时代，借助人工智能的支持，师范生作为未来的教师，不仅需要掌握传统师范模式所要求的知识与能力，还需具备一定的信息知识与能力。

《师范生信息化教学能力标准》中指出，师范生应当具备的能力包括基础技术素养、技术支持学习和技术支持教学。其中，基础技术素养涵盖意识态度、技术环境与信息责任；技术支持学习包括自主学习、交流协作、研究创新、资源准备与过程设计；技术支持教学包括实践储备等。对于传统的师范培养模式来说，这是一种新的学习内容，在某种程度上给师范专业带来了教学的压力及师范生学习的压力。

（二）学习平台的出现

智慧时代产生了各种各样的智能终端，比如慕课、在线学习等，这些学习平台使得卓越教师的培养环境发生了巨大的变化。慕课的英文是 Massive（大规模的）Open（开放的）Online（在线的）Course（课程），英文缩写是 MOOC，体现了慕课的特点——大规模的网络开放课程。在互联网发展之初，在线学习主要借助电子邮件传输电子文档进行交流和学习。此外，人们还使用电子公共课、视频远程交流、访问数据库等方式进行在线学习。之后，随着网络的普及，加上数字化、多媒体化的发展，人们开始借助数字化学习资源进行学习和交流。在线学习包括微课、教学视频、教学动画等，在线学习最大的优点是满足学习者的个性化学习需求。

学习平台的出现打破了师范生学习时间和空间上的限制，给师范生的学习带来了更多的便利。而培养卓越教师的各单位都在积极拓展学习平台，为师范生提供更多的学习机会。

（三）师范生在学习上有了更大的自由

智慧教育的介入使得学生利用学习机器人就可以找到感兴趣的知识。这也促使实体课堂向智慧课堂转变。学校在一定程度上会受到在线教育的冲击，因为在线教育可以突破时间与空间的约束，大大拓展师范生的学习方式，让师范生在学习上有了更大的自由。

（四）新兴专业的产生

新出台的文件如《国务院关于印发新一代人工智能发展规划的通知》和《高等学校人工智能创新行动计划》等明确提出要鼓励高校建设人工智能专业并推动人工智能领域一级学科建设，加快建设人工智能学院。这充分说明了未来人工智能专业将成为热点专业，也意味着新兴的人工智能专业要与其他专业抢夺有限的资源。另外，人工智能时代促使高等师范院校的综合化程度加深，这在一定程度上破坏了卓越小学教师的培养环境。

二、培养理念受到挑战

培养理念实际上是培养观念的概括化、理论化和系统化，师范院校自创办以来就以培养教师为使命。我国的高等师范院校是培养教师的摇篮，因此高等师范院校的培养理念直接决定教师的质量。在《关于全面深化新时代教师队伍建设改革的意见》《教师教育振兴行动计划（2018—2022年）》《关于实施卓越教师培养计划2.0的意见》等文件引领下，教师教育走向新的发展阶段，尤其提出了创新人工智能在教师教育和卓越教师培养中的应用。

进入人工智能时代，教学机器人、辅助学习及人工智能设备辅助教学，使得师范生面临更大的挑战，实践能力已经成为必备技能，如果综合实践能力不足，那就意味着无法胜任未来的教师岗位。因此，学校的培养理念需要与时俱进，在引导学生掌握理论知识的同时，加强实践能力的提升。

三、教学方式需要变革

在人工智能时代，教具得到改进。教师运用人工智能，可以实现多媒体教学，让教学内容以图文并茂的形式呈现，此外，智能语音、智能考试测试、图像识别及智能人机交互等形式，极大地挑战了传统的教学方法，也使得智能学习和人机交互成为人工智能时代流行的学习方式。面对人工智能这一现实，传统的教学方式必须改进，在保留自身优点的同时，吸收技术融入教学活动，让教学方式更具现代性。

四、道德情感教育需要加强

除了理论知识和实践经验，师范生的思想品德、价值观念、精神气质也需要培养，尤其是道德方面，这是检验师范院校师范生是否合格的第一标准。在人工智能时代，学生的各方面都发生了变化，体现为学习环境、学习过程、教学媒介和学校管理等，这些在为高校师生带来便利的同时，亦在一定程度上弱化了道德情感。道德情感是通过师生之间多次交流获得的，建立在师生互动的基础上。在传统教学过程中，教师的一言一行都成为学生效仿的标准，其人格魅力也能引导学生提升个人品格。然而，大人工智能时代，学生的学习主要依赖机器，这导致思想道德、价值观念和精神气质等难以把控，不利于学生道德情感的培养，也使得原本紧密的师生关系变得冷漠。

人工智能时代的到来，大大便利了人们的生活、工作和学习，但需要指出的是，以电脑为代表的工具并非无所不能，电脑不是人脑，智能也不等同于万能。因此，师范院校需要充分认识人工智能的利与弊，在充分利用现代技术便利性的同时，加强道德情感教育，这样师范生才能在之后的从业中，严守道德底线，爱护学生，爱岗敬业。

五、师范生的综合能力培养需要加强

在人工智能时代，人工智能为教学带来了无限可能，但应当强调的是人工智能非全能，它无法取代教师，同样也无法颠覆培养卓越教师的传统模式。师范生要适应未来的教师岗位，就需要具备扎实的学科理论知识，也需要具备很强的综合能力。其中，综合能力包括批判能力、应用能力、迁移能力、思辨能力、信息素养等，除了上述能力，未来教师还应具备管理能力、组织能力、研究能力、创新能力、实践能力和统筹能力等。由于师范生的社会经历较少，信息识别能力还需加强，且师范生很容易陷入依赖智能搜索的陷阱，长此以往，他们将失去独立思考的能力，这对自身成长不利。此外，人工智能时代出现的信息虚假、信息诈骗、信任危机等问题，也给卓越小学教师的培养带来不小的挑战。

第三节　人工智能挑战下的卓越小学教师培养之“变”

在人工智能时代，高等师范院校在培养卓越小学教师时应当充分利用人工智能相关的技术，以实现教学领域的升级，重点关注培养理念、教学方式、培养环境、师生关系及师范生的综合能力提升。

一、更新培养理念，顺应人工智能发展的大趋势

培养理念的意义在于，它为高等师范院校的发展提供动力与支持。拥有怎样的培养理念直接决定了培养出什么样的师范生。因此，培养理念对提升师范生的质量具有积极的意义。纵观历史上的名牌大学，它们之所以有如此大的影响力是因为他们有着先进的培养理念，并一直为之努力。

在人工智能时代，人才的培养过程愈加智能化与复杂化，因此更要有明确的培养理念，以支撑人才的具体培养过程。教育部颁布的《教育信息化十年发展规划（2011 年—2020 年）》明确指出，要将创新人才培养理念作为大学发展的先导。高等师范院校的师范生培养理念也应围绕创新人才培养理念展开。具体说来，师范生的培养应当充分借助人工智能的优势，以实现师范生的全面发展为目标，建立以人工智能为依托的多元化师范生培养理念。

二、改变教学方式，采用传统与人工智能相结合的方式

在智能时代，教与学的形态发生了变化，如无纸化教学、在线学习、虚拟课堂、碎片化学习，这些形态无疑为教学注入了新的活力。但人工智能并不能取代传统的教学方式，教师的教与学生的学仍然需要传统教学方式的支撑，传统教学方式仍然需要继续发挥作用。在处理传统教学方式与人工智能的关系时，我们可以将人工智能作为一种拓展加以利用，这样便可以弥补传统教学在时间和空间上的局限。

人工智能的出现对师范生的教学方式影响巨大，但这里并不是摒弃原有

的，接纳全新的，而是运用人工智能去改进传统教学方式，并进一步克服人工智能给教学方式带来的负面影响。换句话说，人工智能时代的师范生的教学方式应当为：虚拟教学与实体教学的融合，既要关注教师与学生的关系，又要强化学生的全面发展，利用智能技术改进教学内容，让教学内容变得更加生动、形象且充满趣味。

三、升级培养环境，采用创新协同机制

当前，高等师范院校应当升级培养环境，进一步提升师范生的培养质量。升级培养环境可以通过创新协同机制来改善。创新协同机制主要通过两种手段进行，一种是人机协同，一种是校校协同。人机协同表现在学习内容上，需要教师将传统课本的教学资源与互联网资源进行深度融合。在课程设置上，对教学内容和难易程度进行分割，之后再进行重组，重组需要按照在线教学与实体教学的合理配置，比如理论部分适合教师与学生面对面讲授，而课后巩固环节则可以用在线教学。人机协同还体现在教学方式上，教师需要对人工智能持开放态度，学习相关技能，依托现代设备，创新教学手段，优化教学过程。最后，人机协同还表现在教学评价上，利用人工智能“云计算”，加快执行评价向注重质的转变。需要强调的是，人机关系上不能完全依赖智能终端，还需全面看待人机关系，以做到取长补短，共同发展。

在校校协同方面，将重点放在师范生的教育实习上，以促进实习模式的创新与发展。具体操作上，高等师范院校可以与中小学联合，并在校校协同的基础上，运用人工智能，发展人工智能+教育实践空间平台，学校内部人员以及中小学指导教师可以在平台上注册账号，进行远程指导、远程实习和远程管理。

四、加强师生互动，建立良好的人际关系

师范院校教师的工作对象是师范生，而师范生是一群有理想、有抱负、活力四射的群体。大学阶段也是师范生世界观、人生观、价值观形成的关键时期，因此师范生需要成为有师德、敢担当的人，这样将来才能影响更多的学生。

在智能时代，人际关系的冷漠也随之出现，因此，高等师范院校应把重点放在师范生的情感道德教育上，引导他们合理使用网络和智能终端，处理

好学生与教师，学生与学生，学生与社会之间的关系。

在维持具体的人际关系方面，高校及教师都需要不断变化。首先，高等师范院校需要组织定期调研并制定相关的措施和规范，引导师范生正确看待人际关系，趋利避害，更好地提升师范生的综合素质。高等师范院校还可以通过加强社团和大学文化的建设，引导学生重视实践，走出虚拟，走向现实。此外，教师的言传身教在人工智能时代尤为重要。教师应借助课堂和课后活动，增强师生之间的沟通，实现师生之间情感的对话。

五、提升师范生综合能力，实现卓越小学教师培养质量的提升

培养质量是教师教育的必要要求，也是高等师范院校自身内涵式发展的客观诉求。要提升培养质量，关键在于提升师范生的综合能力。一方面，教师在使用智能终端和互联网时，必须经过深思熟虑，尤其在内容选择上，不应简单照搬网络资源，而应融入自己的理解与想法。此外，选择何种教学资源、如何切合师范生实际、如何激发师范生学习兴趣等，都是教师需要考虑的重要因素。如果课堂教学中一味照搬网络资源，只会使课堂变得无趣，失去教学的生动性，也无法发挥人工智能的优势。因此，教师应加强开放性，采用讨论、辩论、问答等形式，引导师范生积极参与，只有这样，课堂教学才会生动，人工智能的技术优势才能得到发挥。在组织课外活动时，教师应遵循多样化和针对性原则，促进师范生的多感官调动。概括而言，师范生的逻辑能力、批判能力、思辨能力、分析问题及解决问题的能力都需要进一步发展。另一方面，师范生的综合能力不仅包括专业实践能力，还包括教育教学能力、组织管理能力、学习能力、研究能力及终身学习能力等，这些能力都应全面发展。总之，师范生的综合能力需要加强培养，在培养过程中，需要有自主的培养主张，运用人工智能，按目的、按步骤地提升师范生的综合能力。

第四节　人工智能挑战下的卓越小学教师培养之“不变”

在人工智能时代，卓越小学教师需要紧跟时代潮流，与时俱进。但也需要看到一些关乎教育本质的东西不会随着时代的变化而变化。

一、落实“立德树人”的根本任务不变

立德树人是教育的根本任务，也是当代教育的根本任务。立德树人在我国有着深厚的文化根基。在古代，儒家将教师视为仁义道德的代表，认为教育的目的是培养大儒，即培养道德高尚之人。今天的新时代，立德树人有了新的时代内涵，即教育要培养有德行才能、有爱国情怀、有创新精神、有责任担当的优秀人才。

高校在落实“立德树人”根本任务时，高校需要通过“立德”来达到“树人”的目的。为实现立德树人的根本任务，高校需要做到以下三点。

（一）挖掘“立德树人”的深层内涵

充分理解立德树人的内涵，从源头上挖掘传统文化中的师德部分，并汲取其精华，实现传承与发展。此外，所吸收的师德部分要与现代人工智能技术相结合，以全新的方式展现给学生，并贯穿学生生涯的整个过程。

（二）加强师范生师德的教育

高校在培养师范生的过程中需要加强其师德教育，巩固和开发与师德、教育情怀相关的课程，引导师范生形成正确的人生观和价值观。

（三）深化课程改革

高等师范院校应遵循教育部颁布的《关于全面深化课程改革落实立德树人根本任务的意见》，深化课程改革。在课程中加入立德树人的内容，并将其

作为课程改革的重点，以实现立德树人的目的。

二、培养卓越教师的目标与定位不变

“卓越教师”的培养是我国教师教育改革与发展的重大举措，国家也出台了多项政策支持卓越教师的培养。2014 年，教育部颁布了《关于实施卓越教师培养计划的意见》。2018 年，教育部印发了《卓越教师培养计划 2.0》，在文件中明确提出了要推进互联网、人工智能与教育的深入融合，这是对教师教育的最新部署。

在人工智能挑战下，卓越教师应当具备卓越的教育理念、教育情怀、文化知识储备、教育教学技能、进取创新精神及优秀的人格品德。这需要坚持培养卓越教师的目标与定位不动摇。在培养过程中，高校需要因地制宜，积极培养卓越教师，也需要解放思想，拓展思路，向那些卓越教师先行的地区和国家学习，努力培养杰出的教师。

三、提升高等师范院校教师队伍质量的战略不变

要培养优秀的师范生，就必须有优秀的教师队伍，因此在人工智能的挑战下，高等师范院校仍需要重视教师队伍的质量，坚持提升高等师范院校教师队伍质量的战略不变。

那么，高等师范院校如何保证教师队伍的质量呢？高校需从内部与外部两个方面保障教师队伍的质量。

首先，在内部建设上，高等师范院校需要改革教师招聘制度、晋升制度、待遇福利、职称评定、年终考核等，实现制度层面的改革。通常这些制度可以通过定性与定量、发展性与终结性相结合的考核方式，实现高等师范院校制度的升级。高校还应加强学科专业建设，增强教师的学科专业能力，提供自由、宽松的学术氛围，促进科研成果的产生。

其次，在外部建设上。高等师范院校需要借助现代网络环境加强与国内外高校的合作，将合作的重点放在教师培训与人才引进上。此外，高校还应该加强与中小学之间的联动与合作，拓展学生的实践能力。大学教师也应当与中小学教师在师范生培养上形成结对协作关系，共同促进师范生理论学习和实践能力的培养。

四、坚持人工智能教育不变

人工智能运用于教育领域是未来教育发展的主流，需坚持人工智能教育的原则不变。要坚持人工智能教育，需要遵循两大原则，即开放与安全的“人工智能+教育”应用原则。

坚持开放的原因是高等师范院校是培养师范生的场所，是培养未来教师的摇篮，需要以开放的姿态全面提升师范生的培养质量。在具体落实上，高等师范院校培养开放的教育观、课程观和学生观。

坚持安全的原因是当人工智能应用于教育领域时必然会面临各种安全隐患问题，如人工智能系统一旦失控将导致数据泄露，这就会给师范院校和社会带来安全隐患。此外，网络信息传播速度非常快，一旦有不良信息传播出去，将给学校、师范生及社会带来负面影响。如此，高等师范院校作为净化心灵、培养教师的场所，也会受到冲击。

第七章

国外卓越小学教师培养及其启示

从20世纪80年代开始，西方的一些国家在教育领域掀起了一股提升教育质量的浪潮，各国纷纷启动“卓越教师培养”的教育改革。培养卓越教师的趋向已经成为包括美国、英国、澳大利亚等国的共识。

第一节　美国卓越小学教师培养

美国一直非常重视卓越教师的培养。1952 年，美国开始设立国家年度教师奖项，该奖项每年评出一位教师，总统会在白宫为获奖教师颁奖，这是美国教师的最高荣誉奖。1987 年，美国成立了国家专业教学标准委员会，并颁布了《教师应该知道什么和能做什么》的政策文件，文件提出了具体领域标准及认证开发的核心价值观。从这一年起，国家委员会认定教师为美国教师资格的最高荣誉，同时也标志着美国开启了卓越教师培养之路。

一、美国制定卓越教师专业标准的背景

20 世纪 80 年代，美国教育界在经历了实用主义和结构主义之后，出现了宣扬回归基础的口号。于是在 1983 年，经里根政府签署，美国高质量教育委员会颁布了《国家处于危机之中：教育改革势在必行》文件，这一文件促使美国民众开始关注美国的基础教育。1986 年，卡耐基专业教学工作小组发布了《准备好的国家：21 世纪的教师》的文件，在文件中，他们提出了重新建设教师队伍的建议，涵盖了教师资格审查机构的建立、教师资格标准的制定、教师研究阶段的培训、教师培养等政策。紧接着，美国国家专业教学标准委员会（NBPTS）于 1987 年成立。

卓越教师评定体系的制定者是 NBPTS，这是一个由政府官员、教育工作者、企业领导者组成的非营利独立组织。该机构负责为每一个学科组件设立学科标准委员会，委员会的成员大多数是一线从教的教师，还有大学教授、学科专家、教育家、学科专业人员等。每一个学科的标准委员会必须向 NBPTS 提供具体的学科标准，之后由 NBPTS 内部人员讨论、修改，最终确定。

二、美国卓越教师专业标准的内容

《教师应该知道什么和能做什么》涵盖了五大核心标准，分为如下几项。

（一）核心标准一：教师应致力于学生的发展和能力学习

1. 致力于让所有的学生都能获得知识，他们相信所有学生都有学习能力。

2. 平等对待每位学生，认识到每位学生的个体差异，并在教学实践中考虑这种差异。

3. 了解学生的发展和学习情况。

4. 尊重学生的文化差异和不同的家庭背景。

5. 关注学生的自我意识，了解他们的动机及同伴关系对学习的影响。

6. 关注学生个性以及公民责任感的发展。

（二）核心标准二：教师知道所教学科领域的知识以及该学科的教学方法

1. 熟练掌握本学科的知识，深刻了解本学科的历史、结构，并知道如何将本学科知识应用于现实生活。

2. 具备教授本学科的技能和经验，非常熟悉学生在本学科的技能差距、先前形成的观点及偏见，并能够有效应对。

3. 能够运用各种不同的教学策略进行教学。

（三）核心标准三：教师负责学生学习的管理和监测

1. 能够进行有效教学，掌握一系列教学技巧，并知道如何恰当运用这些技巧来激发学生的学习动机、保持学生的注意力，使学生积极投入学习。

2. 知道如何营造和维持教学环境，以便吸引和保持学生的学习兴趣；知道如何组织教学以达到教学目标。

3. 知道如何对个体学生和全班学生的进步进行评价。

4. 能够使用多种方法来评价学生的成长和对知识的理解，并能够向学生家长清晰地解释学生的表现情况。

（四）核心标准四：教师能够对自己的教学实践进行系统思考，并从经验中学习

1. 受过良好教育的典范，喜欢学习、善于质疑、具有创造力、乐于尝试新事物。

2. 熟悉学习理论和教学策略，了解美国教育界的最新动向。

3. 能够对自己的教学实践进行批判性反思，以深入知识，拓展教学技能，并将新的发现应用于教学实践。

（五）核心标准五：教师是学习共同体的成员

1. 能够与他人一起促进学生学习。

2. 知道如何寻求和建立与社区的伙伴关系。

3. 能够与其他专业人员一起参与教育政策制定、课程开发、专业发展等工作。

4. 能够评价学校的进步和资源的分配，以达到州或地方的教育目标。

5. 知道如何与家长合作，使他们有效地参与到学校的工作中。

三、美国卓越小学教师培养的相关保障

美国的各大高校于20世纪末开始培养卓越小学教师，模式以“多方协同培养”和“实践为导向”为主，具体包括开展各种各样的教师教育项目、建立卓越教师评价机制、实施卓越教师培养质量年度报告制度等。

（一）国家教育行政体制保障

美国在卓越小学教师培养方面的研究成果丰硕。其“多方协同模式”在国家主导下鼓励学校和社会共同为培养卓越小学教师而努力。

1. 多方参与

王莉在《中美教育行政管理体制比较及其对我国的启示》中提到了美国教育行政体制的特点：首先，美国教育行政体制是以州教育为代表，各个州之间的教育相对独立。其次，美国教育权归地方所有，联邦政府对地方教育不能直接干预和管理，只能进行指导、服务和援助。因此，“多方协同模式”是由联邦政府主导，州政府、高校、小学和社会力量（包括学生家长、民间组织、专业团队）等共同协作。其中，联邦政府在“多方协同模式”中起引领作用，州政府拥有教育自主权，其他力量相互协同，共同推动卓越小学教师的培养。

2. 建立卓越教师培养质量年度报告制度

为促进“协同培养模式”的实施，美国政府提出了“卓越教师培养质量年度报告制度”，该制度对监督和扶持卓越小学教师有重要的作用。美国州政

府有教育自主权，因此自 20 世纪 90 年代以后，美国政府部门与部分知名大学联合，策划了一系列理论指导、实践为导向的教师教育项目。除了教师教育项目，联邦政府还要求各州提交卓越教师培养质量年度报告，并通过立法形式确保年度报告的实施。联邦政府还建立了一套比较完整的“卓越教师培养项目”质量评价机制，评价的结果直接影响年度拨款援助资金。这一举措迫使州政府努力推进卓越小学教师培养的各项措施，争取取得良好的培养效果。

美国教育部也为卓越小学教师的培养贡献了力量，它不仅创建了电子化教师专业发展平台，还启动了全国性的“教师互动项目”，有效促进了美国小学教师的自我发展。

（二）学校保障

美国各州政府拥有教育自主权，而各州内的高校和中小学也具备一定的教育自主权，因此，高校和中小学对卓越教师培养方面有较强的自主性。

1. 职前培养

各大高校是卓越小学教师培养的主要阵地，卓越小学教师的职前培养主要集中在课程设置、教师招聘和教师实习上。

首先，开展“教师教育培训项目”。2001 年，布什政府提出了“高质量教师计划”，将培训卓越教师的浪潮推向高潮。自此，美国众多高校开始开发具有院校特色或独特理念的“卓越教师培养项目”，这些项目在实施过程中以实践为导向，将教师教育的相关课程与实践紧密结合。例如，各高校开展了多样化的教师教育课程，包括个案研究、教学档案袋、教学表现展示和问题导向研究，进一步丰富了“卓越教师培养项目”的课程体系。

其次，完善生源录取制度和实习制度。在生源录取上，美国采用自愿申请的制度，尊重学生的兴趣，给予他们一定的选择空间。实行推荐制，教育学院的专家根据学生本科四年的专业成绩判断其能力，决定是否可以进入教育学院继续学习。同时，学校对学生进行面试，以衡量其是否能胜任教育教学工作。

以实践为导向是美国开展卓越小学教师培养的基本理念，因此在教师教育课程方面，美国不仅提出了在小学进行一线教学实习，以提升学生的专业技能，还提出了“三位一体教师实习制度”，即高校与中小学达成共识，共同培养卓越教师，政府在其中充当桥梁。经过高校的系统学习后，学生将进入小学实习，实习时间通常较长，并且从大学一年级开始就定期到小学实习。

2. 职后培养

美国的卓越小学教师培养包括建立教师共同体和建立卓越教师评价机制两个方面。

（1）建立教师共同体。在“教师教育互动项目”实施过程中，教师会议、教师训练班和教师培养团队的形式得到广泛应用，参加该项目的均为各个高校的优秀教师，他们聚集在一起，分享优秀的教学经验及先进的教学理念，共同努力成为“高质量教师”。为了达成共同的卓越教师目标而组建的团队被称为教师教育共同体。在职教师中，以高校和中小学教师为主体，共同学习以提升其教学水平的团队被称为教师学习共同体。这两大共同体力量共同推动卓越教师培养的发展。

（2）建立卓越教师评价机制。美国的卓越教师评价机制包括职前评价和职后评价两部分。

职前评价主要是高校对学生学习情况及能力的评价。美国的职前评价主要有三个特点：

其一，采用过程性评价。高校注重学生的变化和成长，通常在学生学习之初进行一次测试，经历一段时间的学习后再进行测试，以比较学生在学习前后的变化。

其二，学生也参与评价。高校除对学生进行评价外，还会让学生进行自我评价，评价学校所开展的卓越教师课程，并依学生的反馈和意见适时进行整改。

其三，强调学生的实践知识。在考核中注重学生能力方面的考核。

职后评价以制定教师专业标准为起点。2002 年，美国政府颁布了《不让一个孩子掉队》的法案，各州开始制定教师专业标准，期望通过有效的评价机制来衡量教师的专业能力，并激励教师进一步成长。

2013 年，美国发布了由教师教育认证委员会制定的《中小学师范教师标准》，这一标准详细划分了教师成长的五个阶段，即候选教师、新任教师、发展中的教师、熟练教师和卓越教师，此标准体现了教师循序渐进发展的过程，并对不同阶段的教师提出了相应的标准。

各州的中小学对教师的评价呈现出多主体、多形式的特点，形式包括课堂观察、同行评价、校长评价、教师自我评价、学生学业成绩评价和学生家长评价等。

（三）社会力量支持

卓越小学教师培养的社会力量包括学生家长、民间组织和专业团队。这三大力量不仅监督卓越小学教师培养的整个过程，还有一定的调适作用。

在美国，专业团队的力量尤为突出。以下是两个具有代表性的组织。

第一，美国州立大学与学院协会是全国性非政府性质的高等教育协会，协会拥有 430 所会员院校，覆盖全美的公立大学和学院。美国州立大学与学院协会于 2002 年设立了“卓越教师教育奖”，旨在表彰在“卓越教师培养项目”中取得突出成就的高校。

第二，美国教师教育者协会有着非常明确的使命定位，即培养高质量教师，倡导合理评估标准、关注教育公平等。该协会设置了“卓越教师教育项目奖”，对美国高校的教师教育项目进行评选，从中选出质量优良的项目并进行嘉奖。除了专业团队，学校还通过问卷调查的形式向学生及家长搜集数据，进行相关研究。

第二节　加拿大卓越小学教师培养

一、加拿大卓越小学教师培养的目标

加拿大虽然在国际性评价项目中表现良好，但在基础教育向前推进过程中开始注重教学质量，因此出现了发展优质教学的呼声。为了继续跻身世界教育改革的前列，培养更多的卓越教师，加拿大开始发展以优质教学为目标的教育计划。

（一）阿尔伯塔省

加拿大从推行卓越教师计划之始，就把目标设立为实现优质教学。以阿尔伯塔省为例，该省于 2013 年成立优质教学工作小组，涵盖学生、家长、教师、教育研究者以及立法议会在内的 16 名成员。优质教学小组通过不同形式参与到“关注学生和实现优质教学”的主题讨论中，并收集了来自省内各界的 4000 名参与者的意见，这些意见将作为讨论内容参与讨论。通过讨论，大部分参与者认为提升教学质量的关键因素是拥有优质的师资，同时还需要整合各方力量共同推进优质教学。

阿尔伯塔省的教务长协会提出了卓越小学教师需要具备的五种能力，即有效管理学生学习的能力、让学生的学习活动具有价值的能力、关注学生学习状态并以此提升自身教学的能力、促进支持性学习体系发展的能力、合作能力及提高学习效率和学习成绩的能力。

（二）安大略省

以加拿大的安大略省为例，其教师管理学院制定了小学教师职业标准，该标准包括两部分内容，由小学教师职业实践标准和职业道德标准组成。其中，小学教师职业实践标准涵盖以下几个方面：

（1）终身学习的理念及领导力的发展。

（2）致力于学生和学生的学习。

（3）教学实践的积累。

（4）专业知识的学习。

而职业道德标准则需满足四大原则，即关爱原则、尊重原则、信任原则和政治原则。

二、加拿大卓越小学教师培养的两种模式

加拿大并没有独立的师范院校，卓越小学教师的培养主要靠综合大学的教育学课程。卓越小学教师的具体培养模式分为两类。

（一）并行制

并行制是指学生在大学期间不仅学习学科知识，还要学习教育理论知识，分为四年制和五年制。

四年制主要针对未来从事八年级及以下教育工作的师范生，重点放在教育理论和教育技巧上，学习学科课程与教育课程的比例为1:3。该模式可以将教育理论课程与教学技巧课程有机结合，促进师范生教学能力的提升。实施该学制的代表大学是曼尼托巴大学教育学院。

五年制主要针对未来从事九年级及以上教育工作的师范生，学科课程与教育课程的比例为4：1，这表明该模式更加注重学生学科素养的培养。

并行制的师范生在完成四年或五年的学业后，若学业成绩合格，即可获得学士学位及教师资格证书。并行制的课程设置包括学科课程、通识课程和教育课程，其中专业课程指的是基础学科的学习，如数学、英语和科学等。通识课程包括学习人文社科知识和自然学科知识等，而教育课程则指的是教育理论课程，包括课程与教学论、教育研究、教育技能等。随着时代的进步，许多具有时代性的课程也应运而生，如信息技术、全纳教育和国际文化等课程。

以下列出的是加拿大安大略省教育研究院中等教师教育专业核心课程计划内容。该专业的课程分为六大模块，分别为教育专题讨论、儿童发展心理学、教育理念、教育内容与教学实践、研究型学习（选修其一），以及见习和实习。以下将简单介绍每个模块的具体内容。（见表 7-1）

表 7-1　加拿大安大略省教育研究院中等教师教育专业课程六大模块

课程模块	具体内容
教育专题讨论	针对教育方面的重点问题所进行的专题研究，涉及的专题包括教师道德与专业化发展、教育资源、教学活动和教学评价等
儿童发展心理学	主要研究儿童身心发展特点及规律的课程，包括儿童身心发展规律研究、学生学习兴趣和高效课堂等
教育理念	研究教育最新理念的课程，主要内容包括教师角色、学生态度、家校关系、教育管理知识等
教育内容与教学实践	主要研究适合本土学校的特色课程、社区教学、全纳教学、终身学习等。
研究型学习（选修其一）	涉及的主题包括教师倦怠、学生焦虑、同性恋教育、儿童文学、校园暴力、社会正义等
见习和实习	指的是一些实践课程，通常实习的场所不固定，除学校之外，博物馆、美术馆、音乐馆等都可能去，通常实习时间为四个月

由以上核心课程计划可见，安大略省教育学院的并行制在课程学习上强调研究属性，学生可以研究的主题很丰富，同时课程内容也更加灵活。在实习过程中，学校仅是实习场所之一，拓展实习场所在一定程度上拓宽了学生的视野，丰富了他们的实习经历。

（二）连续制

连续制是加拿大培养卓越小学教师的另一种模式，所谓连续制指的是学生在完成某一学科的学习并获得了学士学位后，继续进行一年的教育理论学习，然后再从事教育教学。连续制的学制一般是五年，比较有代表性的是多伦多大学和阿尔伯塔大学。该模式实施了一段时间后，显示出了一定的弊端，由于学生的教育理论知识和教育实践时间不足，学生的能力与并行制相比比较弱。因此，加拿大近年来实施了“3+2”或者“4+2”的模式，学生在扎实学科知识后，再进行教育理论知识和教育经验的学习。连续制模式主要针对获得本科及本科以上学位的人群，这类人群具有一定的学科背景，因此后期以实践内容为主，进行的实践内容包括专业学习营、实习课程教授、专业学习研讨会和现场实践课程等。

三、加拿大卓越小学教师培养的路径

（一）职前培养注重选拔及教师资格认证

在职前阶段，小学选拔卓越教师主要考察师范生在高中阶段和大学阶段的课程完成情况及成绩，此外，还要考察师范生的相关教学经验、实践经验、论文撰写情况、面试表现及相关证书和证明等。同时，学校还会考察师范生的综合能力，包括专业知识、专业技能、耐心、爱心、同情心，以及对学生的关爱程度。严谨性是加拿大培养卓越小学教师的一大特点，通过并行制或连续制的培养，教师的基本功已经非常扎实。除了教育实习期，加拿大教育部规定师范生在任职前需要取得教师资格证，教师资格分为临时教师资格和永久教师资格。教育部还规定师范生必须接受至少 16 年的教育，包括至少 4 年的高等教育，申请教师资格需达到《教学质量标准》要求，并致力于《教师成长、监督和评估政策》关注的专业成长和教学实践，才能获得教师资格。如果不符合条件，则不予授予。

（二）构建与优化教师培养体系

加拿大教育部从 2012 年起，先后制定了一系列的“卓越教师”培养计划，并出台了与之配套的法规和条例。其中，最具影响力的是《教学质量标准》与《教师成长、监督和评估政策》，这两个文件详细阐述了卓越教师培养的细节，推动了卓越教师培养的进程。同时，加拿大还重视教师在教学中的作用，推出了“教师融合”的评估体系，并形成了三种评估模式，即由具有工会资格的教师协会评估、由省级政府和教师工会评估、由专业教师学院和教师工会评估。这三种评估在内容上基本相似，主要侧重于对教师行为、教师能力、领导行为和领导能力方面的评估。

除了三种评估模式，家长和学生也是教师行为和能力的评估主体，如果教师出现任何不当行为，家长和学生都有权向学校投诉，请求学校对教师进行处理。如果教师行为不当且情节严重，对学校处理结果不满意的，还可以向教育部或者教育协会投诉。

（三）注重教师职业发展与职业激励的卓越小学教师职后发展

在取得教师资格后，教师在从教过程中仍需不断学习理论知识，拓展自身的业务能力。加拿大规定每位从业教师每年必须接受“教师能力培训”。“教师能力培训”是由教师专家委员会或教师工作室的人员组织，主要负责定期评估和培训教师的能力。

为了鼓励卓越教师培养，加拿大还设立了卓越教师“教学优秀奖”，将每年对优秀教师进行奖励。

第三节　英国卓越小学教师培养

一、英国卓越小学教师培养理念

英国的教师教育历史悠久，其卓越教师培养起步较早，受美国影响，在卓越教师培养上，英国强调专业化。从 20 世纪 80 年代开始，教师专业标准不断被修正和补充，英国 2012 年颁布了《教师标准》，2016 年颁布了《杰出教师标准》，强调卓越教师需要专业化，具有高度的工作热情，并具备以反思能力为主的多元能力，这基本上成了英国教师培养的参照。

（一）教师专业化是英国卓越小学教师的首要标准

卓越教师区别于普通教师的一个重要方面就是教师的专业化。首先，专业化要求教师在专业知识的掌握上，不仅仅局限于表层的浅显了解，而是要深入专业领域进行纵向深度分析。其次，专业化体现在学习方法上，英国教师标准强调教师应当有意识地思考和反思复杂结构的知识体系，这样才能切入知识体系的核心。因此，卓越教师的培养需要放在日常的积累与反思上，建立属于自己的专业化学习方法。最后，卓越教师所需掌握的不仅是开展一个科目完整的教学能力，还应具备学科理论研究能力。

（二）借助教师反思

英国教师专业化发展的同时，也是反思型教师教育发展的过程，因此，在卓越小学教师培养过程中，英国强调反思。2000 年，英国颁布了《之前教师教育质量保障：苏格兰之前教师教育标准基准信息》，在文件中明确将反思型教师教育作为未来教师教育的发展方向。在之后的教师教育改革中，涉及之前实习教师的课程及为在职教师提供的继续教育等都体现出了从反思到归纳的倾向。比如，在高等教育学科的课程中，案例学习和学校实习占有较大比例，通过教学观摩、教学工作坊、小组合作等实践教学形式，师范生能够进行反思，从而获得更多的收获。同样，英国也非常重视在职教师的培训，鼓励在职教师开展继续教育，鼓励终身教育，鼓励教师养成发现和反思的好习惯。

除卓越教师需要具备反思能力外，2015 年，英国还颁布了《优秀校长国家标准》，提到校长也要加强专业的自我反思。从教师上升到校长，体现了英国教师体系自上而下、由内而外发展专业化的决心。

（三）卓越教师要爱岗敬业，对教育工作保持高度热情

爱岗敬业以及对教育工作保持高度热情看似简单，实际上要做到并不容易。因为这一要求不仅是对教师行为的规范，更是对教师内在工作态度的要求。卓越小学教师需要在以下几个方面保持高度的热情。

1. 教学方面的热情

要求教师掌握教学、学习和行为管理策略，积极实施个性化教学，并对学生在优缺点、进步、成就和发展等方面给予评价，引导学生进一步发展。另外，教师教学方面的热情还体现在主动学习保护特殊儿童和残疾儿童的能力，发现虐待、歧视和霸凌儿童行为的能力，并能迅速、准确地采取措施制止。

2. 科研方面的热情

英国卓越小学教师注重培养教师在科研方面的热情，要求教师不能只是教书匠，还应当是一名研究者，成为教研团队的一员，成为国家教育发展政策和法律制定的一线专家。卓越小学教师需要反思自己教学内容的同时，还应加入学校的科研团队，为教学的发展、政策的制定和评价的生成贡献力量。

3. 人际交往方面的热情

英国卓越小学教师的培养鼓励教师开展人际交往，包括教师与家长、教师与同事之间的互动与交流，在这一交流过程中，教师需要保持热情，如引导家长参与孩子教育情况的讨论，尊重同事在学生成长与发展中的观点。

二、英国卓越小学教师的教育课程结构

英国的师范生所修的课程类型包括教育学士学位课程和研究生教育证书课程。

（一）教育学士学位课程

教育学士学位课程主要面向四年制师范生，其培养目标是小学师资力量。该课程体系分为核心课程研究、专业研究、学科研究和学校体验四个模块。

所谓核心课程，主要指的是英语、数学、科学这三门课程，以及该课程所涉及的教学方法。

专业研究依照教师资格标准展开，主要内容包括教学环节的备课、教学、课堂管理等，以及学生管理的监控、评价、记录和报告等。该课程的目的是帮助师范生掌握教育教学规律，了解儿童身心发展规律，熟悉国家相关教育政策等。

学科研究要求师范生选修小学阶段一门感兴趣的课程进行研究。一些大学要求师范生在大学一、二学年选择小学基础科目，作为主攻科目和选修科目进行研究。

学校体验属于实践环节，要求师范生到小学开展实践活动，包括教育见习、实习、教育研究等实践项目，是一个由理论向实践转化的过程。

在具体的实施过程中，各学校会根据自身情况设置课程，如剑桥大学教育学士学位课程的四块内容分别为教育理论、教学技能、主要课程和教育实践。

教育理论课程贯穿师范生的四年大学生涯，一般在大学一、二年级开设儿童发展、教育心理学、教育哲学、教育社会学、课程研究、教育管理等课程，且这些课程都是必修课，约占总课时的 25%—40%。到了大学三年级开设的课程有比较教育、人权与教育、特殊教育、社区教育、多文化中的教育等。这些课程是选修课。大学第四年会开设教育研究课程，约占总课时的33%—50%，比例相当大。

教学技能方面的课程包括学校与课堂教学中的人际关系、语言交流中的问题、学生个别差异与因材施教、表达技巧、学科单元教学、评估方式等。该课程于学生在大学一到三年级时开设，其中必修课约占总课时的 30%。

主要课程包括中小学“国家课程”中的相关学科，大学一到三年级都会开设，约占总课时的 30%—50%。

教育实践包括教育实习和见习，一到三年级会安排大约 70—75 天，四年级安排 5-8 周的时间。

通过分析剑桥大学的教育学学位课程，我们可以看出，师范生在一到三年级主要学习学科研究、学科知识和教学技能，四年级时，学生既学习学科知识及理论，又可转向以实践为主的课程。

（二）研究生教育证书课程

研究生教育证书课程是让师范生接受三年的本科学习，等获得学科专业的学士学位之后，再继续一年的教育理论学习和教育实习。这种模式被称为“3+1”培训模式。研究生教育证书课程由三部分组成，包括学科研究和专业研究、教学实践经验。学科研究要求师范生对某一特定学科知识的理解与掌握，要求获得学科知识、学科教学能力以及评定能力。专业研究要求师范生对学生、学校、教师和专业发展等方面的掌握，此外，教学工具、教育评价、教育评估、课堂组织管理等方面的内容也是该课程研究的重点。教学实践经验重在培养学生在教学中的自信心和胜任力，从而让他们参加教学工作更从容。

伦敦大学教育学院的研究生教育证书课程有三个模块：教与学模块、专业模块和专业实践模块。教与学模块、专业模块的课程为硕士级别。专业实践模块为本科级别，专业实践模块包括三门学校实习的课程。师范生完成硕士级别的课程可以获得 60 学分，如果师范生未完成硕士级别的课程，但完成了本科级别的课程，学校会为其颁发专业研究生教育证书，并推荐为合格教师。如果只完成了硕士级别的模块而未通过本科级别的课程，将授予研究生证书，但不会被推荐为合格教师。

研究生教育证书课程主要通过讲座、一对一辅导、讲习班和自学等方式完成，而学习评估则通过作业、演示、审计和反馈等方式进行。最终，学校会对学习成果进行评估，包括师范生的教学观察、学科知识发展程度、论文作业，以及自主学习水平。值得一提的是，伦敦大学的实践教学环节实力雄厚，学院与大约 350 所小学实现合作，师范生可以在学院及学校导师的指导下进行长达四个月的教育见习和实习，为成为合格的教师做充足的准备。

三、英国卓越小学教师的在职培训

随着终身教育的影响，越来越多的人意识到教师的职前教育并不是教师发展的终点，而是需要继续教育。于是，各种各样的在职培训逐步上线。英国小学教师在职培训有多种模式，这里主要讨论以教师为中心的模式，以大学为中心的模式和以中小学为基地的模式。

（一）以教师为中心的模式

主要指建立专门的教师培训基地，负责培训在职教师，所培训的内容主要围绕教学实际中遇到的问题，为在职教师提供一定的学习资源。以教师为中心的模式所开设的课程也是多样化的。该模式主要由小学开设，责任人是校长，有的学校也会有专人负责。这一模式与教师的教学实际紧密联系，可以为一线教师提供直接的帮助，促进他们教学能力的提升。另外，以教师为中心的模式在一定程度上加强了不同学校教师之间的沟通与交流。

（二）以大学为中心的模式

这一模式主要为了提升教师的学历，以促进教师在自己的专业领域里获得进一步提升。这一模式通常指高等学校为在职教师开设的全日制学士、硕士和博士学位的进修课程。除了传统的高校提升之外，英国还开设了业余进修班，允许教师根据自己的实际情况选择不同的科目进行学习，一般的周期为 2 至 3 年。学员通过考核之后，就可以获得教育证书。例如伦敦大学教育学院一直开设着在职教师进修班，鼓励在职教师参加进修班，以实现能力提升的目的。

（三）以中小学为基地的模式

该模式强调高校与中小学的紧密合作，强调理论与实践的密切结合。该模式的构建分为六个阶段。(见表 7-2)

表 7-2　以中小学为基地的模式构建

阶段	内容
第一个阶段	小学向高校提出需求
第二个阶段	小学与大学商量合作事宜
第三个阶段	双方达成一致并签署协议
第四个阶段	大学培训机构对在职教师开展理论教学
第五个阶段	以小学为实践基地开展实践指导
第六个阶段	总结反思指导

该模式的优点是打破了传统教师教育模式中高校理论与基础教育相互分离的状态，促使教育专家和学者能针对基础教育的实际需求开展针对性教学，从而给予在职教师更多解决实际问题的方法，赢得更多的职业发展机会。

第四节　西方国家卓越小学教师培养的启示

我国的卓越小学教师培养起步较晚，目前已经取得了一些成就。所谓取长补短，西方国家卓越小学教师培养在某些方面值得我们借鉴。结合我国自身的具体情况，我们探索出一条适合中国发展的卓越小学教师发展之路。

总结起来，我们可以从以下几个方面借鉴西方国家卓越小学教师培养模式。

一、制定卓越小学教师的标准和规范

西方国家为发展卓越小学教师，制定了一系列的教师专业标准，明确了教师的能力取向。中国为培养具有高素质的教师队伍，也颁布了与教师专业标准相关的文件，这些标准涉及教师的基本素养、专业技能等要求，进一步规范了教师在教学过程中的行为标准，并对师范院校教师教育专业的课程设置提出了要求。2014 年，国家提出了“卓越教师培养计划”，但并未明确“卓越教师”的具体标准和规范，卓越小学教师的标准和规范更是无从谈起。当前，各大院校尤其是师范院校虽在积极培养卓越教师，但始终没有形成统一的标准，而是各自为战，这就导致所培养出的卓越教师在质量上参差不齐。

相比之下，国外在卓越教师培养方面非常注重标准和规范的制定。例如，英国的卓越教师发展细化到课堂表现的具体内容，无论是抽象的思想、理念、价值观，还是具体的教学实践要求，都非常细致清晰。中国的卓越教师标准也需要进一步细化，以增强卓越小学教师培养的针对性和操作性。

过去，我国教师标准的制定主要依据教师专业发展需求和教学实践对教师能力的要求，同时适当借鉴国外教师标准。虽然这两种方法对教师教育和专业发展有一定的指导意义，但仍然缺乏明确的理论支撑，导致卓越小学教师体系的构建不够专业。随着基础教育的快速发展，高质量教师队伍的需求日益迫切，制定卓越小学教师标准已成为当务之急。因此，我们可以借鉴西方国家关于卓越小学教师的标准和规范，尽早确定培养方向。

二、采用多方协同培养模式

在卓越小学教师培养过程中，因区域、教育资源和文化等方面的差异，需要充分考虑各个地方的特点，可以适当赋予地方政府及高校一定的自主权，以便搭建地方教育行政部门、高等师范院校、地方中小学的多方协同培养模式，这样合理配置教育资源。

多方协同培养模式的流程为：国家制定“卓越教师”的相关标准，地方教育行政部门根据当地的教育发展情况及文化特色，充分结合实际，领导高等师范院校和地方中小学，根据各自的情况，最终制定出符合地方发展、符合师范院校特色以及符合地方中小学教学需求的卓越教师培养方案。协同培养模式的难点与重点在城乡发展上，尤其偏远乡村地区的师资力量需要格外重视，努力实现平衡发展。对于少数民族地区，协同培养还要结合当地的民族和民俗情况，确保培养出的卓越教师能更好地融入民族发展与融合中。

多方协同培养模式还要求提升教师的综合素质，这就意味着教师的综合素质不仅需要高等师范院校的培养，更需要地方教育行政部门和中小学做好配合工作，以为卓越教师的综合素质提升提供必要的条件。三方应当通力合作，培养卓越教师在专业知识结构、专业精神和专业能力结构等方面的卓越表现。

三、扩大教师准入范围，优化教师准入制度

西方国家在教师岗位选拔上对专业的限制较小，并鼓励不同工作经历和社会背景的人参加教师的招聘与竞争。这在一定程度上拓展了教师的准入范围，进一步吸引各行各业的优秀人才加入教育事业，既可以丰富教师队伍的专业背景，又能调整师资结构，使教师来源更加广泛。此外，教师准入范围的扩大不仅能满足不同学生的个性发展，还能提升教育质量。

我国的教师招聘主要依据教师资格认证和专业一致或相近这两项。目前，随着高等教育与师范教育相融合，小学教师在学历上有所提升，已达到本科水平。虽然当前一些部门在招聘教师时放宽了专业限制，但大部分部门仍然严格要求专业。这导致教师队伍的人才相对单一和固化，缺乏多元结构。

未来，基础教育对教师的质量要求会更高，教育内容和教育形式愈加多样化，因此教师队伍的多元化发展是必然趋势。未来，扩大教师准入范围，优化教师准入制度，吸纳更多人才注入基础教育将是教育发展的重点。

四、建立职前培养与职后发展一体化机制

西方国家非常注重卓越小学教师的职前培养，比如，加拿大在考察教师候选人时，会查看他们高中以后的所有成绩。有时还会考察教师候选人的教育课程的完成情况。此外，加拿大还非常注重教师在技巧、个人品德和教育技巧等方面的培养。再比如，澳大利亚不仅关注教师的职前培养，还非常注重教师职后的发展空间。

同时，西方国家为支持卓越教师的培养，设有专项基金，每年拨款。如加拿大阿尔伯塔省教育部和教育协会每年都会为专业发展活动，如教师会议，提供资金支持。此外，教育部门和学校也安排卓越教师培养方面的专业发展活动。校长也会对卓越教师的培养负责，一些与卓越教师培养相关的专业发展计划由校长制定，综合统筹分配讨论实践、提供活动资源及教学任务等。

我国在卓越教师的培养过程中，加大对卓越教师的职前教育和职后发展的支持。在“教师教育振兴计划”中，除了在职前进行系统培养外，还强调教师在职后加强自身建设，重视个人专业发展。

五、重视实践，将理论与实践相结合

关于教师教育是重点培养“学术性”还是“师范性”的争论一直没有停止，这两者的争论实际上是教师教育中“研究型”和“应用型”之间的矛盾。追求“学术性”的重点在于教学内容的“教什么”；追求“师范性”的重点则在于教学方法的“怎么教”。无论是侧重“教什么”还是侧重“怎么教”，都将教师教育朝着专业、标准的方向推进，促进专业、课程上的统一，推进教师教育向前发展。

西方国家在培养卓越教师时，也在努力平衡“学术性”和“师范性”，因此课程设置时，除了设置通识课程、学科课程、教育专业课程等“学术性”课程，还设置教育见习和实习等“师范性”课程，其课程内容涉及广泛，促进教师的综合素质和能力提升。此外，西方国家非常重视教育实习，通常严

格遵循相关规定开展，实习时间从一年到三年不等，这大大保证了卓越教师实践能力的培养。然而，我国的教师教育在实习方面与西方国家相比，时间明显较短，还需要进一步延长实习时间。在重视“学术性”的同时，也应重视“师范性”。一方面，作为培养单位的高校需要合理安排“师范性”与“学术性”的教学比重，建立弹性机制，以确保卓越教师的全面发展。另一方面，作为师范生，在学习教学理论的同时，也需要拓展自身的实践能力，学习教学技巧，提升教学能力。

第八章

新师范背景下小学教师的专业发展

在新师范背景下，小学教师在专业发展上也需要突破，探索出更多的发展路径，以实现更快发展。本章将从自我唤醒发展、课题带动发展、竞赛激励发展，以及校本培训发展这四个方面切入。

第一节　自我唤醒发展路径

自我唤醒是从教师自身出发，通过自我意识激发教师的内驱力。自我唤醒发展路径更容易让教师体验到专业发展带来的幸福感，并能更好地唤醒教师专业发展的优势。

一、自我唤醒及自我唤醒发展的优势

在开展教学之前，教师如果希望课程具有趣味性、课堂生动活泼，就需要自我意识的唤醒。因此，教师的自我唤醒发展策略对教师的专业发展具有积极的意义。同时，自我唤醒也为教师的专业发展提供了内在动力。

在过去，教师的专业发展主要依赖外在力量，如开展讲座、专项培训等，这在很大程度上提升了教师的专业能力。而如果教师激活自我唤醒，将会激发教师的内驱力，使其角色从“他我”转向“自我”。当教师在“自我”状态下工作时，其行为、情绪与自我形象达成统一，进而教师的自我形象得以建立，很好地促进了教师的专业发展。

从以上论述可以看出，自我唤醒发展路径实质上强化的是教师的内驱力，拥有内驱力后，教师表现出的是内求的过程，即向内探索教师相关的一切理论、案例以及能力提升。因此，可以说自我唤醒发展路径属于教师专业发展的内在动力，本身具有内生性、价值性以及隐喻性。

二、自我唤醒与教师在专业发展中的幸福感的关系

自我唤醒强调教师更独立、更专业地从事教学活动，能够真正为教育而生，将教育事业看成人生追求的目标，从而将教育事业从一个职业升华为一种追随和信念。自我唤醒发展之后，教师不再拘泥于教学日常，而是向更深、更细的领域延伸，因此探索型、实践型、成长型、专家型教师随之产生。自我唤醒的意义还在于促进教师在专业发展中的幸福感的产生。那么，自我唤醒如何与教师专业发展相关联呢？

（一）在实践过程中去感受幸福

有了自我唤醒，教师专业发展的道路更加畅通。然而，专业发展从来不是一蹴而就的，教师在实践过程中常常会遇到很多需要解决的问题。在自我意识的支撑下，教师通常全力以赴，为了目标而不懈努力。这一实践过程有苦亦有甜，但明显获得成就后的幸福感大于失落感。

（二）从所获得的成果中品味幸福

作为教师，教书育人是根本任务，教师应当以此为目标，不断奋斗。教书强调教学，即教会学生掌握相关理论知识以及培养学生的能力等；育人主要是对学生精神层面的培养，这要求教师能以身作则，通过实际行动在日常教学和生活中影响学生。无论是学生在成绩上的收获，还是师生关系上的融洽，都能让教师从所获得的成果中品味幸福，这是其他职业所不具备的。

（三）在未来专业发展中憧憬幸福

教师的专业发展需要紧跟时代潮流，与时俱进。需要认识到教师的专业发展并不止步，而是持续向前。因此，教师需要用发展的眼光看待教师专业发展。不断接触新的理念，更新教育方法，改善教学方式，创新教学方法，以探索出适合自身发展的专业发展道路。

这也使教师的专业发展呈现出阶段性特征。当一个阶段的目标达成后，便会有下一个阶段的目标。此外，对未来目标的规划也包含着对幸福的憧憬。

三、自我唤醒的实施路径

自我唤醒的实施涵盖着制度保障、榜样学习、情感共鸣、理念引领和活动拓展等方面。

（一）制度保障增强教师主体意识

教师专业化发展制度是教师专业发展的基本保障。在保障教师专业发展的过程中，除了为教师提供良好的专业发展环境，还需要相关体制与机制相应的跟进，为教师的自律意识和学习意识等服务，促进教师专业觉悟的发展。具体说来，通过相关的体制机制的建立，促进教师探索内在的价值，从而在职业上获得提升。

要构建教师专业发展相关的体制机制，需要从我国的国情出发，建立适合教师发展的长效机制。

1. 制定规范性制度

规范性制度是以书面形式呈现的规范，它区别于日常约定俗成的习惯与想法，是通过强制手段制定出来的，广泛被接受的规范。因此，规范性制度具有约束性。教师专业发展的相关规范性制度包括学习制度、听课和评课制度、校本研修制度和帮带制度。

（1）学习制度。即建立教师的学习体系，引导教师在工作之外开展学习，包括看书、研究、学历提升等。教师作为教学活动的主导，应当是知识的开拓者与引领者，因此，教师需要不断学习，更新知识与能力，以实现更好的发展。学校定期对教师开展考核与评价。学生在积累了一定的阅读量之后，在学识与眼界上有了一定的提升，这不仅让教师获得幸福，而且能激发其内在动力，最终形成自觉的习惯。

（2）听课和评课制度。教师之间应定期举行听课与评课。教师通过听课和评课，可以实现互相学习，以提升教学能力。另外，听课与评课是改进教学的重要手段，因此，听课和评课对提升教师专业发展具有积极的意义。相关教育部门需要根据新课标的内容和要求，不断完善听课、评课制度，进一步细化听课的次数、要求及评价，从而为教师开展练课、磨课提供支持。

（3）校本研修制度。校本研修制度是学校为了实现高水平管理，制定的多项制度、规则及要求。例如，教师需要在每学期开始时制定本学期的工作计划、每年的项目研究计划及专题研讨活动计划。当学期结束时，学校会对教师进行考核，对于表现优异的教师进行表彰，这有助于教师的专业成长。此外，激励机制也会带动教师的积极性，使教师不仅自身得到了成长，还能获得更多的职业满足感与幸福感。

（4）帮带制度。帮带制度侧重于教师之间的交流与学习。在教师队伍中，既有骨干教师，又有青年教师。骨干教师的特点是经验丰富，无论是教学，还是管理上的经验都非常实用；但在技术方面相对欠缺。青年教师的特点是精力充沛，并在现代教学技术上明显占优势，但在教学和管理经验上与骨干教师相差较多。帮带制度的确立可以实现“师父”与“徒弟”的合作与发展。

帮带制度强调骨干教师与青年教师之间的互动与合作，通过创建教师帮带档案来记录教师的成长过程。除了帮带制度，考勤制度、奖惩制度、签到制度等都能提升教师的专业发展能力。

2. 制定发展性评价制度

教师的专业发展需要通过发展性评价制度进行激励。发展性评价将重点放在发展上，从目标、手段和方法方面激发教师的积极性，使其朝着更好的方向发展。

（1）确定教师发展性评价目标。制定能激发教师积极性的目标，以引导教师的价值观追求。教师发展性评价目标的制定旨在使教师清楚未来应该做什么、怎么做、朝什么方向努力。同时，目标中涵盖考核科目要求，要求青年教师在三年内达到标准，从而成为一名合格的教师。

（2）确定教师发展的手段及方法。我国已经颁布的一些文件，如《基础教育课程改革纲要（试行）》，强调要建立促进教师持续改进的评价体系，其具体内容涵盖教师对自身教学行为的分析与反思；建立以教师自我评价为主，学校领导、教师、学生及家长共同参与的评价体系。在这一评价体系中，教师所获得的评价具有多元性，包括自我评价、学生评价、同伴评价、学校评价及档案袋评价，这些评价能激发教师的正能量，促进教师的可持续发展。

（二）榜样学习增强教师价值意识

学校应重视榜样的力量，以增强教师的价值意识。教师队伍中的榜样指的是具有高尚思想和模范行为的优秀教师。

榜样的作用唤醒了教师“向榜样看齐”的心态，学校需要加强榜样相关价值和意义的宣传，引导教师加深对榜样的认识，以实现教师自我教育、自我提升的目的。学校还可以从教师队伍中找寻榜样，号召其他教师向榜样教师学习。这被称为教师的典型影响力，能够影响周围的教师，为其他教师提供正确的引导。在这样的氛围中，全体师生将形成向榜样学习的风气，在你追我赶中唤醒教师的价值意识。

此外，学校还可以实施教师分级教育，开展名师带头工程，实现合格教师向专业教师的蜕变。

（三）情感共鸣增强教师生命意识

教师情绪是教师专业发展过程中重要的影响因素，教师专业成长不仅需要制度，还需要教师的情感价值。这种情感价值很特殊，如同“看不见的手”，深入教师的内心，影响教师的一言一行。因此，科学情感的唤醒在一定程度上激发了教师的生命意识，对学校也具有重要的意义。

1. 尊重

学校应当充分尊重教师，包括尊重教师的职业、教师的工作和教师的主导性等。教师职业本身具有特殊性，它区别于其他职业，教师作为知识分子非常渴望受到尊重。

学校应当开展积极的情绪管理，主要采取淡化和模糊管理者与被管理者之间的层次关系，形成人人平等的氛围。而且，学校的管理者始终要充当服务者的角色，服务于学校的每一位教师，让教师感受到尊重与关爱。

2. 关心

学校应当努力为教师提供更舒适、更整洁的工作环境，这是关心的第一层面。深层次的关心应该体现在学校的人文关怀上。学校的管理者需要关心教师的生活与工作，认真倾听教师的心声，让教师体验到久违的关心。如果教师处于一个充满友爱、积极向上的集体中，他们会加倍努力工作，将好的成绩回馈给学校。

（四）理念引领增强教师的创新意识

实践证明，拥有好的理念能更好地唤醒教师的人格以及内在精神，从而更好地实现教师的专业发展。学校可以通过办学理念和教育理念来唤醒教师的价值意识。

1. 办学理念增强教师的使命感

学校的办学理念往往体现着师生的共同价值观，体现着师生日常行为的准则。办学理念直接决定着学校培养什么样的人才，也决定着学校未来的发展高度。如果办学理念得到全校师生的认可，其影响将是巨大的。对于教师来说，办学理念将唤醒教师的责任感与使命感，引导教师以饱满的热情投入到日常的工作与学习中，成为贯彻落实办学理念的先行者。

（1）学校应积极引导教师充分认识学校的办学理念，包括办学宗旨、治校目的和治校方略。引导教师从内心认同学校的办学理念，以形成教师队伍的合力，进而发展为核心凝聚力。

（2）引导教师认识到发展是师生共同的理念，从而在教师中形成爱教育、爱学校、爱学生的热情，这种热情进一步唤醒教师的使命感。

2. 教育理念提升教师创造力

时代的发展要求教育理念的不断更新，而教育理念对教师的专业发展有重要的作用。新课程教育教学改革对教师来说是一个巨大的挑战。教育理念为教师提供思路，帮助教师更好地发展。因此，教师需要充分理解、掌握并践行教学理念，将教学理念渗透于日常的教学与生活中。

对于教师自身而言，在终身教育的潮流背景下，教师需要树立终身学习、思考和研究的理念，不断实现自我发展。如果只讲“奉献”，不谈回报，不考虑教师的专业发展，教师也会失去行动的内驱力。教育理念的唤醒旨在激发教师开展创造性工作，发挥教育智慧，积极开拓课堂。学校管理者应发挥管理者的智慧，为教师创新与创造提供平台，以激发教师的内在动力。例如，学校每学期一般会开设校内研究课程，为了提升其质量，可以邀请教学专家进行指导，这样教师在打磨课程的过程中，能力也会得到提升。而教师也愿意走出校门，到各学校进行经验交流，并展现自我。在这种展现自我的过程中，教师收获成就与幸福，也会进一步增强职业归属感。

教学理念的呼吁本质上是为了唤醒教师的研究意识。研究意识的产生是教师自我意识的凸显，研究意识也将成为教师引领创新的决定性因素。目前，许多学校开展了“校本课程开发”，其目的是充分调动教师的积极性，开展相关的研究，结合教学实际，实现课程的创新。从这一角度看，教育理念引领教师走向研究与创新之路。

（五）活动拓展增强教师参与意识

学校应当为教师提供尽可能多的活动，唤醒教师的参与意识，鼓励教师参与其中。

1. 开展文体活动，调动教师的工作热情

学校可以定期开展有益于教师身心发展的文体活动，如跳绳、演讲、接力赛等，让教师暂时从繁重的教学活动中抽身出来，体验文体活动的乐趣，消除疲惫感。学校可以结合节日举办形式多样的文体活动，教师在参加活动过程中会迸发出灵感，助力文体活动，从而以更加饱满的热情投入到之后的工作与学习中。

2. 开展教育教学活动，增强教师的参与意识

教育教学活动也是激发教师热情、提升教师参与度的重要途径。教学活动为教师的才艺提供了展示的舞台。常见的教育教学活动有教研沙龙、教学研讨、专题讲座、案例分析等，学校应及时反馈与评价，帮助教师树立信心，也可以开展一些观摩课、送课下乡、示范课等活动，点燃他们的从业热情。学校应始终将竞赛与评价放在满足教师自尊心的基础上，这样才能更好地激发教师的信心与热情。

第二节　课题带动发展路径

课题带动是指学校有计划地进行教育科研立项，并向上级申报立项，确定集体和教师个人承担的教育教学科研课题。在课题实验中，紧紧抓住实验中的问题和困难，有针对性地进行培训。所培训的内容主要围绕课题项目展开，以此来提高专业知识及科研能力。课题带动可以提升教师的团结能力、资料收集及撰写能力，并进一步提升沟通能力，促进教师的专业发展。因此，学校应当通过课题带动促进教师的专业发展。

一、课题带动的基本原则

在进行课题带动时，需要教师抛开一些个性的特征，专注于那些共性的规律，从而探索出相关的思想和规律。课题带动过程中需要遵循以下几大原则。

（一）整合性原则

整合性原则包括两个方面：一是在课题形成之前，可以将日常教学中的资源进行整合，形成课题；二是课题形成之后，需要将研究工作的内容融入日常的教育教学中，实现“教学研究化，研究教学化”与“研学一体化”的工作模式。

（二）校本性原则

校本性原则强调教师在实践教学中的问题，通常由个别教师或若干教师进行收集，再将收集出来的课题进行筛选，之后运用一定的教育科研方法，在较短的时间内取得明显效果的行为方式。这一原则注重从学校实际教学问题出发，确保课题研究的针对性和实用性。

（三）示范性原则

示范性原则指的是开展课题研究的教师，通过不断努力达到预期效果所遵循的原则。示范性原则对学科以及学校教师的学术研究和专业发展有积极的引领作用。

（四）创新性原则

创新性原则鼓励教师在研究过程中，敢于突破原有的僵化模式，致力于生成具有创造性的创新性课题，以促进教师的专业发展。

二、课题带动的四大途径

（一）开设专题讲座

专题讲座可以实现快速普及教育科研知识的目的。学校应当根据本校实际教育科研知识的具体情况，准备相关专题。例如，“如何生成教育科研课题”“如何开展研究”“常见的教育科研方法”“教育科研成果的总结提升”等专题。通常确定某些专题后，需要聘请专家前来开设讲座。

在专题讲座进行中，应当引导教师积极思考，让教师充分发表自己的看法，大胆提出疑问。根据教师的反馈意见进行适当调整，这样才能形成适合教师发展的专题知识。

（二）开展专家指导

这里的专家指的是教育科研领域的教授、教育科研院（所）的专业研究人员、学科教研员、学科带头人及骨干教师等。专家指导的意义在于不仅对课题进行了规范，还拓展了教师的研究面，开阔了教师的研究视野，同时也提升了教师的研究能力。这样，教师进行课题带动时就变得简单了。

（三）进行研讨交流

就课题内容开展多种形式的研讨，让教师之间实现火花碰撞，不断丰富理论知识与提升实践能力，促使教师在感悟中提升与发展。

（四）鼓励教师自我提升

对于课题带动来说，教师的自我提升主要通过教育科研书目来实现。教师可以利用网络平台，收集关于教育发展前沿的信息，通过学习沙龙、研讨会等形式来唤醒教师的学习意识和研究意识。

教师自我提升的关键是唤醒教师自觉行为的意识，教师的科研自觉意识一旦产生，便会专注于某个研究对象，为其之后的研究提供动力。

第三节　竞赛激励发展路径

基础教育课程改革对小学教师的基本教学技能提出了新要求。这要求小学教师具备新的课程理念，转变角色，更新旧的教学方式。教育教学技能竞赛能够体现出新的教育思想，也是最新教学技巧与教学风格的展现。通过开展教育教学技能竞赛，不仅可以突出学校的教学理念、教学风格和教学艺术，还能展现教学能力及教学质量。

一、开展教育教学技能竞赛的要点

教师的教育教学技能体现了教师的素质和能力。在开展教育教学技能竞赛时，需要坚持三点：

（一）坚持理论与实践相结合

教育教学技能竞赛不仅考察小学教师的基本教学理论，还要考察小学教师的综合能力，尤其是实践能力。教育教学技能竞赛不断引导教师坚持理论与实践相结合，重视理论学习的同时强化学以致用的理念，实现理论向实践能力的转化。

（二）坚持一般能力与特殊能力相结合

一般来说，能力分为一般能力与特殊能力，一般能力指的是人类在所有活动中都需要的基本能力，而特殊能力则是人类在部分活动中掌握的、具有特殊性的能力。特殊能力如在数学、绘画、音乐、戏剧和文学等方面所表现出的独特才能。

一般能力与特殊能力之间密切相关。当一个人的一般能力较强时，就为特殊能力的发展创造了条件。反过来，特殊能力的提升也会促进一般能力的发展。如果对一般能力的某一方面进行专门开发，它也可以成为某种特殊能力，因此，特殊能力可以看作一般能力的发展与延伸。

在开展教育教学技能竞赛的过程中，需要将一般能力与特殊能力结合起来，不能分开掌握。需要在夯实一般能力的基础上，发展特殊能力。

（三）坚持整体与个别相结合

开展教育教学技能竞赛面向的不仅是全体的小学教师，还包括个别拥有特殊能力的小学教师。一方面，竞赛带动每个小学教师的积极性，提升每个小学教师的业务水平。另一方面，拥有特殊能力的小学教师可以通过竞赛这一途径，展示自己的一技之长，从而实现教师的专业发展。

二、教育教学技能竞赛评价及基本原则

从20世纪80年代开始，我国教育改革不断深入，教育的结果如何？后续如何发展？这些工作也提上日程，教育评价随之发展。

（一）教育教学技能竞赛评价

教育教学技能竞赛评价指的是听课的教师或者专家评委依照一定的评价标准，采取一定的方法对开展教育教学技能竞赛的教师进行专业评估的教学评价活动。在评价的过程中，需要围绕以下三点：

1. 听课的教师或专家评委评价什么

其评价的内容主要由课堂的教学内容决定。

2. 听课的教师或专家评委如何评价

评价的方式主要涉及三个环节，即授课内容是否成体系，根据什么标准评价以及根据标准量化。

3. 听课的教师或专家评委评价的依据是什么

这是评价的重点与难点。通过评价，可以起到进一步规范教师授课、提升教师授课水平的作用。

教育教学技能竞赛的目的主要是检验授课教师的综合素质以及授课水平。经过同行教师或者专家评委指出问题和建议，帮助教师掌握更多的教学方法，进而提升教学能力，实现教师的专业发展。

（二）教育教学技能竞赛评价的基本原则

教师在教育教学技能竞赛中需要遵循一些基本原则，只有按照基本原则

开展评价，才能保证评价结果的客观、公正与科学。一般来说，教育教学技能竞赛评价需要遵循的基本原则包括：

1. 科学性原则

听课教师或者专家评委在教育教学技能竞赛评价中应当遵循科学性原则。也就是说，在评价授课教师的指导思想、标准、内容、方法等方面应当坚持科学性的原则。

在评价指导思想是否具有科学性时，需要考虑教师是否坚持实事求是，评价一定是基于课堂上呈现的内容，不能有主观好恶掺杂，更不能主观臆断。

评价标准时，要看评价标准本身是否具有科学性，也要看竞赛的评价标准是否明确、具体。

要判断教学内容是否具有科学性时，需要审视课堂内容是否具有全面性与一致性。

另外，对于教学评价的方式，现阶段所采用的方法是“量化法”，也就是说采用“定量”的方式，确定教学评价标准，避免出现描述性评价。

科学性原则对评价人员也提出了要求，评价人员必须具有科学性。也就是说，在参与评价之前，评价人员需要掌握评价相关的知识，这样才能给出授课教师公正、客观的评价。

2. 综合性原则

教师或专家的评价需要遵循综合性原则，也就是说需要综合评价教学活动中的所有因素，明确各种因素在教学活动中的比例，最后得出准确的结论。

教师的教学具有复杂性，如教学活动就是一个庞大的、复杂的综合性知识及能力体系。例如，教学内容涉及教材分析、背景介绍、教学方法、教学过程、课程设计、板书设计、作业设计等，这些内容错综复杂。此外，课程内容涵盖的跨学科知识等都体现了教师授课的质量，因此在评价中需要坚持综合性原则。

3. 全面性原则

全面性原则体现的是评价的教师或者专家需要有一个全面的视角。

首先，全面性要求评价教师或专家全面了解教学活动涉及的所有教学材料及教学过程。要保证评价的全面，就必须建立在充分分析教学活动的资料上，只有这样才能获得真实的评价。

其次，全面性还要求评价教师或专家把控教学的整个过程，不能只截取一个教学片段来进行评价。只有参与了整个教学过程，才能给出全面的评价。

最后，全面性要求评价教学的标准是全面的。评审时，评价教师或专家不仅要审查授课教师的课堂表现，还需要分析教师的基本素质。

4. 指导性原则

开展教育教学技能竞赛的目的是让小学教师发现自己的不足，看到自己的优势，从而更好地指导之后的教学工作。

教育教学技能竞赛的评价需要坚持指导性原则，即要充分发挥评价带来的激励与引导，从而帮助授课教师迅速提升，进而提升学科、学校的教学质量。

指导性原则强调指导，本质上说不是做一个评判对错的评委，而是教师能力提升的指引者。如果听课教师或专家不给予指导，也不提供方向，那么评价就失去了意义。只有评价与指导相结合，才能实现评价的目的。

三、教育教学技能竞赛的评价内容

教育教学技能竞赛的内容围绕四个方面展开：

（一）学科特点评价

在评价时，教育教学技能竞赛既要遵循一般评课的指导思想和基本原则，又要把握学科特点，突出学科性质。因为在竞赛中，学生并未在场，作为“学生”的听课教师或专家无法观察学生在教学中的真实反映，因此，在评价时，需要结合学科的评价标准进行，这样才能做到公正、客观、准确地评价。

（二）学科的理论性评价

在教学中，理论性是教学的基础，也是教学区别于备课、说课及其他教学研究的重要标志。虽然教师在开展教学活动过程中不需要进行详细的理论说明，但也要时刻做到有理可循，符合理论逻辑。

（三）学科的教学过程评价

在评价过程中，不仅要关注教学过程中的教学内容，还要关注教学内容的安排是否合理，教学程序组织是否有序，教学内容结构是否严谨，以及相关教学工具是否有效。教学内容的信息输出是否引起学生的兴趣，也需考虑在内。

（四）教师素质评价

教育教学技能竞赛的评价内容还包括教师的素质评价，即对教师的基本素质进行评价，包括授课教师的普通话、仪容仪表、教态和粉笔字等，这些因素与教学质量密切相关。当然，评价过程除了要关注教师的素质，还要将课堂本身作为评价的依据，这样才能保证评价的公正与合理。

四、构建教育教学技能竞赛的评价体系

教师教育技能竞赛的评价体系与评价要点、评价内容相比，范围更大，包含更广。它包括评价标准、评价流程以及评价方法三部分。

（一）评价标准

评价标准也被称为评价指标，是开展评价的首要依据。教育教学技能竞赛的评价指标包括十个方面。(见表 8-1)

表 8-1　教育教学技能竞赛的评价指标

序号	具体指标	主要内容
1	教育理念	体现小学教师对教育教学工作的理性认识，代表着教育教学工作实施的指导思想
2	主题立意	也称为“主题”或“主题思想”，指的是小学教师根据竞赛的相关要求所设计的教学核心思想及基本内容。其中主题立意需要新颖、明确，有震撼力
3	呈现方式	也就是运用什么样的手段呈现出教学内容，形成具有个性特征的表达方式
4	情感体验	是对“情感态度和价值观”的理解与体验，所生成的教学，一定是带有某种情感的内容
5	创新开放	教育的创新性体现在教学方法、成果评价、学习方式、学科课程、学习途径的多样化上。因此，多样化决定了教学的开放性发展
6	全面整合	全面是为了评估教师教育教学能力竞赛的活动计划是否全面、周密。整合体现的是完整性，也考察小学教师组织、处理、转换材料的过程是否完整

续 表

序号	具体指标	主要内容
7	科学严谨	科学指的是教师在教学活动中需要客观、公正、准确、真实、可靠地呈现出整个教学过程及教学内容
8	学科特色	教学竞赛中需要强调学科的本质特征，需要考虑学科特点，以及强调学科特点的展现过程
9	专业品质	专业品质涵盖专业知识、专业技能、教育心理学知识和教育能力，专业品质需要通过各方面的提升来实现整体发展
10	整体效果	是在竞赛结束之后，评委们根据各项标准及教师的整体表现给出的评判，需要全面、公正、客观、准确地进行评价，避免主观臆断

（二）评价流程

评价流程是保障评价质量的重要标准。对此，我们从评价准备、评价执行和评价总结三方面进行讨论。（见表 8-2）

表 8-2 教师教育教学能力竞赛评价过程

评价流程	具体环节	主要内容
评价准备	确定评价主体和评价目标	根据竞赛的内容，确定评价的主体及需要达到的最终目的
	制定评价标准，构建指标体系	主要参照一级指标体系，再结合竞赛要求和特点，制定二级、三级评分标准和指标体系
	选择评价方式	评价方式应当遵循科学性与可操作性，科学性指的是评价方式的客观、准确和合理。可操作性指的是评价方式是比较实用且容易上手操作的
	聘用考核人员	考核人员分为考核组长和组员。组长一般由学科教师或研究员组成，其主要特点是专业能力强、政治觉悟高、甘于奉献、勇于探索。组员人数一般在 5 人左右
	制订评价计划	为了保证比赛的圆满完成，在比赛之前还应制订评价计划，该计划主要包括评价的目的和主体、评价指标体系、评价成员、评价方法、评价要求及评价计划
	开展培训	培训的对象包括评价者培训和参与者培训

续 表

评价流程	具体环节	主要内容
评价执行	执行说明	开始比赛前，需要说明参赛规则，主要说明评分标准，让教师清楚比赛流程
	综合评价	三场比赛结束后，评委需要进行综合评价，主要参照评价标准进行
	总结评价	当比赛进行到一半时，需要组织评委进行前半段的评价，减少失误
	典型案例收集	在评价过程中，需要收集一些典型案例，这些案例将作为评议材料，写到总结报告中
	数据分析	对比赛结果进行数据分析，根据数据情况，进行综合评分
	案例展示	比赛时，尽量用录像留存，最终选出优秀案例，并在校内展示
评价总结	比赛目的、比赛原则	
	评价方法、评价标准	
	评审人员介绍	
	比赛的评审结果及奖项	
	总结竞赛经验及竞赛不足之处	
	总结竞赛对教学活动的促进作用	
	对今后竞赛及教学活动的改进意见	

（三）评价方法

教育教学技能竞赛不仅需要有评价标准，还要具备科学的评价方法。尤其在评价现场的教师展示教学环节，对评价方法的要求非常高。因此，评价者需要了解并掌握具体的评价方法，这样才能让评价更客观、更公平。（见表8-3）

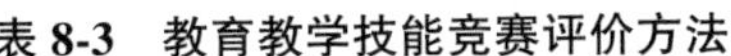
表 8-3　教育教学技能竞赛评价方法

评价方法	具体内容
绝对评价法	这种评价方法忽略教师的个性，聚焦教师是否达到规定的教学水平。一般来说，开展绝对评价法之前，评价者会制定出客观公正的评估标准，之后将授课教师的课堂表现与评估标准一一比较，进行评价
相对评价法	是对授课教师与另一个授课教师所做的比较。最具代表的是排名次。该评价的优点是操作性强、简单、方便，但也存在一定的局限性
等级评价法	等级评价法强调分级，一般将评价结果预先分为一等、二等、三等，或者按优秀、良好、合格来划分。每一节设若干名。评委老师需要依据同一标准，对评价者进行对照评价，再将评价的结果按照预先设立的等级进行等级评价。该方法简单易行，广泛应用在评价中
评语评价法	采用书面语的形式进行评价。在评价中主要针对授课教师组织的教学内容、过程和形式等进行评价，包括优点与缺点，以及未来教学中应努力的方向

第四节　校本培训发展路径

要提升培训教师的师德素养和教育教学能力，开展校本培训是一条有效途径。校本培训可以有效提高小学教育教学工作的质量。校本培训主要涵盖的内容有师德教育、现代信息技术学习、基本技能提高训练、新课改理念、教育科研能力培养及教育艺术等，也涉及教师专业成长方面的专业精神、专业知识、专业态度和专业能力等方面的培训。

校本培训发展路径包括以下几个方面。

一、成立组织指导机构

校本培训组织指导机构是学校专为校本培训设立的组织管理机构，一般由校长担任小组组长，副校长担任小组副组长，在有些学校的校本培训组织指导机构中，校长和副校长也可以作为参与成员。

除了成立组织指导机构外，学校还可以成立青年教师校本培训咨询小组，这样培训与管理紧密结合，有助于校本培训的顺利开展。组织指导机构还应当与小学的其他团体进行衔接，以提升效率，这样更容易取得成功。有条件的小学还可以设立专门的校本培训办公室，选择经验丰富的中级或高级教师负责培训，以促进青年教师的发展。

二、制订校本培训计划

开展校本培训前需要制订校本培训计划，可以结合学校的具体情况，并借鉴其他学校的先进经验进行计划。校本培训计划的内容包括培训目标、培训时间、培训内容、培训形式、培训过程、培训结果及注意事项等。需要强调的是，制订校本培训计划既要体现培训的先进性，又要体现培训的可操作性，这样才能制订出符合小学实际情况的计划。

制订校本培训计划时，应该处理好以下几对关系，以制订出符合时代发展和学校实际情况的校本培训计划。

（一）共性培训与个性培训

共性培训指的是培训中的常见内容，如教育理念和专业技能等，而个性培训则侧重于小学教师个性特质的发展。因此，个性培训致力于促进教师的个人发展，形成有教师个性化的教学风格。在制订校本培训计划时，需要兼顾校本共性培训和个性培训，特别是个性培训。小学可以根据教师的水平高低制定不同的考核标准。例如，骨干教师和青年教师可以制定各自适用的考核标准。骨干教师的培训目标是通过培养一批优秀学科教师，为骨干教师队伍注入更多的力量。可以设置必修课和选修课。必修课侧重于共性培训，而选修课侧重于个性培训。选修课给了教师极大的自由，教师会更有热情参与培训，也能通过培训更好地提升自己。

（二）长期规划与短期规划

通常，小学会制订教师专业发展的长期规划，该规划涉及的周期至少为三年。校本培训也应制订长期规划，以确保发展方向和目标与长期规划一致。同时，也要兼顾短期规划的制订。短期规划是指每个学年和每个学期制订的培训实施计划。这样，不仅可以达成短期规划的小目标，还有助于实现长期规划的发展目标和总体目标。

（三）培训内容与培训形式

培训内容的质量直接影响培训结果的好坏。因此，培训内容要明确定义。一般来说，培训内容涵盖四大板块，即职业道德、职业能力、教育学知识和文化教育。这四大板块的内容需要细化，才能清晰展示。例如，可以将职业能力训练分解为基础训练、实践训练、实验训练和文化能力培养。基础训练包括三字一话、三机一幕、现代教育信息技术等方面的训练。实践训练涵盖面授课程设计、课程组织及班务管理等方面的训练。实验训练涵盖论文写作和实验操作的训练。文化能力培养主要涉及课堂培训、文学培训和艺术欣赏培训。

（四）“五个结合”

“五个结合”即专题研究与教学比拼相结合、请进来与走出去相结合、自学与培训相结合、理论研究与成果交流相结合、自我钻研与拜师学艺相结合。这“五个结合”需要与学校的整体培训计划一致，确保校本培训的系统性和实效性。

三、创设学习型校园

（一）为教师才华的施展提供平台

教师有自我发展和自我超越的意愿。因此，小学应为教师提供一个能施展才华的平台。小学可以通过以下途径为教师提供此平台：

1. 开展学术研究活动

学校可以通过组织学术研讨会、举办教师展示活动、开展学术沙龙等，促进教师的发展。

2. 评选优秀教师

学校需要建立奖励机制，比如举行评选优秀教师的活动，这样可以调动教师的积极性，为日后的教学活动提供更大的动力。

3. 鼓励开展个性化教学

学校应当鼓励教师大胆表现教学内容，以实现教学内容的创新。学校可以为教师创新的有效教学法命名，以此来增强教师的成就感和自信心。

（二）为教师提供培训支持

教师培训投入非常必要，投入的多少直接影响培训结果。目前，学校在基础设施建设上投入较多，取得了很多的成果，但在教师培训上还需要加大投入力度，为教师提供物质和精神支持。小学应当为教师提供提升自我的学习平台和学习资料，促进教师的发展。另外，小学还可以鼓励教师开展在职学习，为教师提供自由、良好的学习环境。这些都将有利于教师素质的提升。

（三）建立校本培训相关制度

1. 建立校本培训规章制度

校本培训的制度化、规范化是校本培训走向正规化的保障。因此，小学应建立培训制度，主要包括学习制度、考核制度和激励制度。

2. 建立教师培训档案

培训档案可以为教师的交流与学习提供第一手资料，为教育分享活动的开展提供条件。此外，教师校本培训档案也是教师评价的重要参照，为教师之后的晋升提供档案依据。

建立校本培训档案之后，需要进行档案管理。校本培训档案的管理包括以下四个环节：

（1）小学指定专门的工作人员收集并保存培训活动及教师测评结果的记录。

（2）小学需要为每个参加培训的教师设立公文包，这个公文包主要是存放和整理档案材料的。

（3）小学应当妥善保管教师的培训档案，避免档案损坏或者丢失。

（4）小学应当充分利用这些培训档案，尤其在评价教师时，可将培训档案作为重要的参考资料。

参考文献

一、专著

［1］仲秋月. 小学数学教师基本功：成就卓越的六项修炼［M］. 苏州：苏州大学出版社，2021.

［2］南京师范大学教育科学学院小学教育系. 卓越小学教师培养的新思考与新实践［M］. 南京：南京师范大学出版社，2021.

［3］王会亭. 卓越小学教师核心素养的具身培育研究［M］. 上海：华东师范大学出版社，2022.

［4］刘慧，刘海涛. 走向卓越的小学教师培养［M］. 天津：天津人民出版社，2023.

［5］林岚. 中小学卓越教师发展特质与成长研究：基于9位教师专业发展的叙事分析［M］. 北京：新华出版社，2022.

［6］魏婷. 提质赋能面向小学义务教育的“卓越教师”培养研究［M］. 重庆：重庆出版社，2023.

［7］喻红. 卓越培养：卓越教师人才培养理论与实践研究［M］. 长春：吉林人民出版社，2020.

［8］钟发全. 卓越教师的理性成长［M］. 北京：新华出版社，2018.

［9］陈威. 走向卓越：“实践取向”小学教师教育课程设置研究［M］. 北京：高等教育出版社，2016.

［10］王贞惠，刘晓玲. 小学教师专业能力训练［M］. 成都：西南交通大学出版社，2018.

［11］代显华. 小学教育管理［M］. 成都：四川大学出版社，2021.

［12］张幼良. 卓越语文教师教学行知录［M］. 南京：江苏人民出版

社，2020.

［13］付淑琼. 美国中小学卓越教师职前培养的质量保障机制研究［M］. 上海：华东师范大学出版社，2016.

［14］王红艳. 小学教育研究方法［M］. 北京：北京大学出版社，2019.

［15］陈时见，王远，李培彤. 教师教育研究［M］. 福州：福建教育出版社，2021.

［16］王利琳，项红专，蒋永贵，等. 卓越教师培养的探索与实践［M］. 杭州：浙江大学出版社，2018.

［17］李文翎. 卓越教师培养的模式与实施探索［M］. 广州：广东人民出版社，2018.

［18］左兵. 地方师范院校卓越教师培养模式改革：理论研究与实践探索［M］. 广州：广东高等教育出版社，2020.

［19］王卓华，蒋丽萍，唐世纲，等. 面向义务教育的“卓越教师”培养模式探索与实践［M］. 成都：西南交通大学出版社，2016.

［20］谭军，彭军. 校地联合培养卓越教师的改革实践研究［M］. 长春：东北师范大学出版社，2017.

［21］林海龙，张玉兰. 卓越教师培养的“道”与“术”［M］. 广州：暨南大学出版社，2020.

［22］戴斌荣. 乡村卓越教师的培养［M］. 北京：北京师范大学出版社，2018.

［23］马晓琨，李贤彬. 高职教育高质量发展下教师知识提升策略研究［M］. 长春：吉林大学出版社，2022.

［24］美国教育部中学后教育办公室. 美国教师质量报告：如何培养高质量的教师［M］. 朱旭东，等，译. 北京：人民教育出版社，2014.

二、期刊论文

［1］王腾，魏玉亭. 澳大利亚高质量职前教师教育体系改革与启示［J］. 上海教育评估研究，2024，13（2）.

［2］刘卓燃，刘军. 中国特色“新师范”的逻辑、特征与路径［J］. 教育探索，2024（3）.

［3］孙德芳. 小学教师本科培养的中国道路［J］. 中国教育科学（中英

文)，2020，3（4）.

［4］周洪宇. 高质量教师教育体系建设的中国方案与国际镜鉴［J］. 世界教育信息，2023，36（11）.

［5］林崇德. 构建中国特色高质量教师教育体系［J］. 教育研究，2023，44（10）.

［6］贾倩，何东飞. 卓越教师培养计划的教育课程改革：问题与路径［J］. 山西青年，2023（17）.

［7］王长江，张致远. “新师范”的时代意蕴、价值取向及实践路径［J］. 宁波教育学院学报，2023，25（4）.

［8］陈时见. 高质量教师教育发展的使命与路径［J］. 教育科学，2023，39（4）.

［9］梁瑞，苏君阳，杨聚鹏. 人工智能时代师范院校教师教育的发展机遇、现实困境及突破路径［J］. 教师教育研究，2023，35（3）.

［10］李素芳，高建平，于小菊. “卓越教师培养计划”背景下师范生小学数学教学能力培养策略［J］. 河北北方学院学报（社会科学版），2023，39（2）.

［11］龙宝新. “新师范”的三重含义与建设路径［J］. 当代教师教育，2023，16（1）.

［12］王林发，曾怡. 新时代高质量教师教育体系建设：历史经验与实践探索［J］. 教育与教学研究，2022，36（9）.

［13］萧萍，冯吉红，唐轶. 卓越教师培养知识图谱的建构方式研究：以上海市徐汇区优秀教师高研班培养项目为例［J］. 教育传播与技术，2022（S1）.

［14］王碧静，袁旭，徐洁. 政策演变下的卓越教师职前培养模式构建：以岭南师范学院卓越教师实验班为例［J］. 岭南师范学院学报，2022，43（3）.

［15］蔡振禹，张宏杰. 地方本科师范院校“新师范”教育的实践路径［J］. 邢台学院学报，2022，37（2）.

［16］赵凌云，胡中波. 数字化：为智能时代教师队伍建设赋能［J］. 教育研究，2022，43（4）.

［17］李峻，李智君，易小邑. 我国发展“新师范”教育的现实挑战与路径选择［J］. 应用型高等教育研究，2022，7（1）.

［18］朱玉江. 新师范教育背景下卓越音乐教师实践智慧养成探微［J］. 中国音乐，2022（2）.

［19］何杰. 当代卓越教师培养的政策迭代与文本分析［J］. 淮阴师范学院学报（自然科学版），2022，21（1）.

［20］刘志军，李桂荣，姚松. “一体四式”卓越教师培养模式探索［J］. 中国大学教学，2021（11）.

［21］赵英，朱旭东. 论高质量教师教育体系建构［J］. 中国高教研究，2021（10）.

［22］戴立益. 人工智能助推教师教育模式变革［J］. 中国高等教育，2021（20）.

［23］李贵安，董莎，史载天，等. 新时代新师范教育的选择和发展［J］. 当代教师教育，2021，14（3）.

［24］姚松，曹远航. 我国卓越教师研究领域的热点、前沿与发展趋势［J］. 教师教育学报，2021，8（1）.

［25］钟志贤. 人工智能背景下的教师教育发展新样态［J］. 中国教师，2020（11）.

［26］余碧春，林启法，颜桂炀. 智能时代卓越教师核心素养培育探析［J］. 教师教育研究，2020，32（5）.

三、学位论文

［1］陈弘. 基于差异发展的中国卓越小学教师培养研究［D］. 杭州师范大学，2019.

［2］丛晨. 中国式现代化背景下我国卓越体育教师培养模式研究［D］. 东北师范大学，2024.